男人的四個原型

暢銷20年經典，榮格學派帶你剖析男性心理

羅伯特．摩爾 Robert L. Moore、道格拉斯．吉列特 Douglas Gillette——著
吳妍儀——譯

KING, WARRIOR, MAGICIAN, LOVER

Rediscovering the Archetypes of the Mature Masculine

獻給詩人羅伯特・布萊（Robert Bly），
他提供了重估男性氣質經驗價值的動力。

那四巨人就在每個普通男子心中。
一個完美的整體無法存在，
除非是來自伊甸的全體兄弟之誼，萬能之人，
榮耀歸於祂直到永遠。阿門。

——威廉・布雷克（William Blake），《四若阿斯》（*The Four Zoas*）

推薦序

說一段男人的內在故事

——洪素珍／國立台北教育大學心理與諮商學系副教授、
國際分析心理學會（IAAP）分析師

《男人的四個原型》這本書不算難讀，但若不深入奧義，卻也不真的容易讀懂。

不難，是因為作者畫出很清晰的藍圖，讀者可以跟著論述，以「男性精神使用手冊」的脈絡，輕鬆地掌握，達成所設定的「幫助讀者理解男性的強項與弱點」的目的。書中歸納出男性心靈裡，有著從神聖小孩、英雄、早熟小孩與伊底帕斯情結之子的男孩心態，發展到國王、戰士、魔法師與愛人等男人心態的四大原型結構，每個原型除了各自發展整合外，也交互作用著，是決定男性能否從不成熟的男孩，成功發展為成熟男人的關鍵。

然而，本書淺顯之長實為內涵深廣所致。筆者不揣鄙陋，試著粗淺地梳理埋設在書內的邏輯脈絡，供讀者酌參。

本書於卷首引用十八世紀末、十九世紀初的浪漫主義神祕派英國詩人布萊克（William Blake）的長篇詩作《四若阿斯》（*The Four Zoas*）開宗明義後，隨之雖未再加著墨，但其實奧義盡在其中。

《四若阿斯》是一部合集，共有九書。布萊克在一七九七年動筆，始於闡述詩人英國詩人愛德華．楊（Edward Young）的《夜思》（*Night Thoughts*）對於終極、死亡與夢的沉思，愛德華．楊的詩有九夜之夢，布萊克的書分九部，實際上是以「九」（nine）喻「夜」（night），呼應探索心靈深暗奧祕的召喚。不過，這部長詩集其實並未完成，布萊克寫了十年後，在一八〇七年便止筆了。

「若阿斯」（Zoas）指的是四位「若阿」（Zoa）天神。他們是詩人借用不列顛列島古名「愛爾比奧」（Albion）為名的宇宙神人直接或間接創造的，它們分別是：掌管智力的「烏利壬」（Urizen），代表靈感、創造力；掌理感官的「塔瑪斯」（Tharmas），代表感覺；掌控情感的「魯窪」（Luvah），代表愛、熱情與爆發的能量；以及「烏托納」（Urthona）為智慧，是慣有理性與律法的體現。

四個若阿斯原本各據宇宙一方，和諧相處。但有一天，智慧的「烏托納」侵犯了情感的「魯窪」的領域，理智凌駕心靈直覺，四大天神失去平衡，開始齟齬不合，宇宙於是隨之墮落。觸動詩人創作此詩的動力，在於尋求返回初始的神聖願景（Divine Vision），鼓舞人類找回初心，回到純淨的心靈原鄉。布萊克的詩，說的雖然是宇宙、天神，惟在其信奉的「須彌納芥子，芥子納須彌」萬法同一的宇宙觀下，所指的也是每個人的心靈。宇宙失衡，亦即人心敗壞。因此，天神失和的象徵很值得再深入追究。

《四若阿斯》還有另一個名稱叫《瑪拉》（*Vala*），瑪拉指的是與掌理情感的魯窪同體共生的陰性神，當魯窪代表著內在情感時，它就是外向的自然。在一個偶然機會裡，瑪拉向外發散，脫離了魯窪，與造物大神愛爾比奧結合，生下了掌管智力的烏利壬，破壞原本的宇宙和諧，間接造成世界的墮落。因此，在象徵上，它常被當作徬徨徘徊、有陰影的女性，為了回到與魯窪同一的狀態而苦惱向上。

四大天神和合創造宇宙的和諧，也代表智力（inspiration and creativity）、感官（sensation）、情感（love, passion, and rebellious energy）與智慧（reason and law）等，個別或集體心靈內在平衡狀態的寧靜與美好。它們各有陰性面，如魯窪與瑪拉的對偶關係一般，一旦失去平衡，就會造成災難。

大略了解了四若阿斯的關係結構與脈絡後，再回頭看本書的四原型說，其實就一目了然了。所有男人心靈裡就存在四若阿斯的四種原型，人格發展的目的在於逆行整合已經崩壞了的平衡。整合從原型各自的陰陽對立面開始，希望回到「各自的位置」，如將極度的虐待狂與被虐狂的兩極整合成為神聖小孩，其他原型則分別完整地成為英雄、早熟小孩與伊底帕斯情結之子等男孩的原型，也就是雛形初具的男性原型。只不過這時候還不是成熟「男人」，只完成了榮格心理學所謂的個體化之路的初階，充其量是個「完整的」男孩而已。

從男孩要走向男人，原型需要再度發展，神聖小孩長成國王，英雄變成戰士，早熟小孩轉化為魔法師，伊底帕斯情結之子成為伴侶愛人等屬於男人的原型。之後繼續整合，最終發展為完整的成熟男性，完成原型歸位、重現和諧心靈（宇宙）的任務。

或許有讀者在此會發出疑問，如果宇宙原來是純淨美好的，那麼初生的嬰兒不就最為完美？為什麼不維持美好的初始狀態就好了，還要辛苦地從男孩變大人呢？

就心理學的角度而言，初生嬰孩的心靈是處於主客體不分的混沌狀態，接觸現實環境後，自然會有所發展，認識到自我、他者與環境之間的關係和分別。發展若不順利，造成主客體的界線不清，其實是一種退化。

而就發展非常早，但被基督教判定為所謂異端、卻流傳至今已近二千年的靈知派思想理論來說，創造這個世界的神其實不是全能的上帝，只是為低層次的造物者，所創造的宇宙不是永恆的，終將是要崩壞的。人類所具備的靈性是從圓滿的靈性故鄉流溢出來的，並非來自於造物神的賜與。

進一步就布萊克的作品寫法細究，他使用"zoa"這個字為四大天神冠名，這個希臘字在基督教聖經中，使徒保羅指的是「復活的生命」、「永恆的生命」或是「天國的生命」；而在啟示錄裡，則指「受造之物」；希臘文原意則有動物和有機體之意。顯然地，對照宇宙的不穩定狀態，布萊克用"zoa"稱呼天神時，就不認為它們是圓滿永恆的存在，而是處在墮落中，因此才需要努力找回自己的位置。這種想法顯然有靈知派的影子在裡面。

在靈知派思想興起之前，希臘神話裡，第一個男性神祇是大地之母蓋亞（Gaia）自身所出的烏拉諾斯（Uranos），意為空間或天空。烏拉諾斯是個不成熟的男性，有著極端的男孩心態原型。他不僅把生下的不漂亮的小孩全關進地獄裡，夢想完全霸占天地、天上天下唯我獨尊。最後，他被名字之意為「時間」的孩子克羅諾斯（Kronos）殺了，狼狽留下「將來他也會被自己小孩取代」的詛咒，逃回天空，遠離大地而去。克羅諾斯取烏拉諾斯而代之後，他和帶有全然負向、根本無知的早熟小孩原型的父親相較，不再是全然的傻瓜，更有技巧地把可能威脅自己地位的小孩全吃進肚子裡。而既然天空父親離去，天和地分離了，他就是唯一的主宰。他是處於神聖小孩和國王、英雄與戰士、早熟小孩跟魔法師，以及伊底帕斯情結之子和愛人之間的過渡原型，具備這些原型所有的面向，但都非完整的存在。比如，他讓妻子瑞亞（Rhea）不停地生小孩，又不照顧他們，就如上癮又無能的愛人，兩個極端面向都出現了。他只為自己而存在，並不在乎其他人。這一切災難在其子宙斯歷經艱苦挑戰後，終於將他也殺了，才結束。宇宙恢復了秩序，朝文明開展。宙斯名符其實成為眾神之王，統領奧林帕斯山，武功蓋世和權力無窮，擁有愛侶無數，卻將宇宙治理得井井有條。他成功完成並整合了國王、戰士、魔法師與愛人的四大原型，成為一個成熟的男性。

《男人的四個原型》內容淵深廣博，涵括的文獻跨越心理、哲學、宗教、文學、藝術等，甚至對於前沿的物理學也有所涉獵，作者學識淵博，令人佩服。尤其意識心理論述部分，論及微觀的量子力學，構成重要論據，頗有可深思之處，唯本文篇幅不足，無法繼續深入，稍有遺憾。不過，這樣一本題材深入，又兼顧文獻廣度的書籍，竟也能做到讓讀者出入自如，作者功力深厚實在叫人佩服，不讀可惜。

目次

前言

男性氣質心理學使用者手冊

「國王」、「戰士」、「魔法師」與「愛人」這些原型，在美國與海外的男性聚會與刊物中，逐漸成為焦點。的確，有許多人假定這些模式本來就是傳統理解下的成熟男性氣質基礎材料。實際上，這些原型是在一個心理學研究中，才被指為構成動力關係（dynamic relationship）中成熟男性精神深層結構的四大基本型態，而這個研究是以一連串演講的形式，在芝加哥榮格中心（C. G. Jung Institute）首度發表，然後出版為一系列的暢銷錄音帶，現在在男性運動中有廣泛的影響力。我們相信，在這些演講中概述的心理學發現，對於解碼人類自我（男女兩性都包括在內）的基礎深層結構，構成了具潛在革命性的重大突破。這種對於卡爾・榮格所謂「雙重金字塔」（double quaternio）的解碼，建立在榮格對於原型

「自性」（Self）[1]的理解上，卻不只是清楚界定了反映在「四方」（four quarters）的心理內容與潛能，也界定了內建於深層自我動力中的兩種基本辯證對立關係：國王（或王后）／魔法師，與愛人／戰士，從而讓我們對內在空間地理學的掌握，延伸到超出榮格的作品之外。

本書針對這項理解男性氣質精神的研究之意涵，進行了全面的解釋。以這個典範為基礎，我們將會推出一系列五本的男性心理學書籍，此為第一本。計畫中的後續叢書，會詳述這個人類心理與性靈的理論模型更廣泛的意涵。有技術性專業興趣，或者好奇心被激發、想知道更多的讀者，可以參考本書後面提供的資料來源清單。

不過，我們撰寫本書的目的，一直是提供男性一本簡單好讀的「男性精神使用者手冊」綱要版。這本書能幫助你了解身為男性的強項與弱點，並提供一份前往男性自我疆域的地圖，那是你需要去探索的地方。

譯注

1 本書原文出現了三個在中文裡經常都被譯為「自我」的英文詞彙：self、Self、Ego。小寫開頭的 self 是一般口語意義上的自己／自我。大寫開頭的 Self 是榮格心理學裡的詞彙，通常譯為「自性」，是榮格理論中的心理原型之一。Ego 被譯為自我，根據作者在第二章的解釋，跟小寫的 self 是一樣的。

致謝

兩位作者想感謝羅伯特・布萊的鼓勵，葛雷希拉・茵方緹（Graciela Infante）仔細地閱讀草稿，還有瑪格麗特・沙納罕（Margaret Shanahan）與葛雷希拉・茵方緹都提出許多很有幫助的建議。派屈克・紐真（Patrick Nugent）對羅伯特・摩爾（Robert Moore）的演講錄音帶絕對精確的謄寫，還有舊金山哈波（HarperSanFrancisco）出版公司編輯與製作部門同仁。除此之外，有許多男性曾經透過這種男性氣質心理學新方法，來反省個人經驗，並且幫助我們琢磨及深化理解，我們也希望對這些人表達特別的感激之意。

導論

認識真正的成熟男性氣質

在比爾・莫耶斯（Bill Moyers）對詩人羅伯特・布萊所做的專訪「男性聚會」（A Gathering of Men）裡，一位年輕男子問了這個問題：「現今受到啟蒙的強大男性在哪裡？」我們撰寫這本書，就是為了回答男女兩性心中都在問的這個問題。二十世紀晚期，在男性身分認同的極大範圍中，我們面對一個危機。當代場景中的觀察者——社會學家、人類學家與深層心理學家——逐漸發現這種現象具毀滅性的種種面向，它對每個人的影響，就跟對社會整體的影響一樣大。為何今日有這麼多性別上的混亂，至少在美國與西歐是這樣？似乎越來越難指出任何像是男性或女性本質的東西了。

我們可以觀察家庭體系，從中看出傳統家庭的崩壞。越來越多家庭展現出這個令人遺憾的事實：失蹤的父親——情緒或身體上的遺棄，甚至兩者兼而有之，他的失蹤對男女兩性兒童都造成精神上的破壞。軟弱或缺席的父親，同時損害了其女兒與兒子達到自身性別認同的能力，還有與同性及異性以親密正面的方式相處的能力。

不過，我們的信念與經驗是，不能只是用簡化的方式，以現代家庭系統的崩解（雖然這很重要）來解釋男性氣質中的危機。我們必須檢視處於這種崩解底層的兩種其他因素。

首先，我們需要非常認真地看待啟發男孩成為男人的**儀式過程**（ritual process）消失的現象。在傳統社會裡，構成所謂的男孩心態（Boy psychology）與男人心態（Man psychology），是有標準定義的。在阿諾·范·吉內普（Arnold van Gennep）與維克多·特納（Victor Turner）這類知名人類學家，仔細觀察過的部落社會裡，可以清楚看出這一點。部落社會裡有小心翼翼建構出來的儀式，可幫助部落中的男孩轉變成男人。在超過好幾個世紀的西方文明中，這些儀式過程大部分都已經被拋棄，或者被轉移到更狹隘又更缺乏活力的管道上——變成我們稱為**假啟蒙**（**pseudo-initiations**）的現象。

我們可以指出儀式性啟蒙式微的歷史背景。宗教改革與啟蒙運動都是力道強勁的運動，參與了破壞儀式過程的可信度。而一旦儀式做為神聖轉化過程的可信度被破壞了，剩下的就是維克多·特納所說的「行禮如儀」（mere ceremonial），並不具有達成真正意識轉換的必要力量。藉著切斷人們與儀式之間的連結，我們廢除了讓男女兩性用深刻、成熟又豐富生命的方式，達到性別認同的過程。

如果這個讓身分認同得以成形的儀式過程變得失去信用了，社會會發生什麼事？在男性這方面，有許多人不是沒有進入成熟男性世界的啟蒙，就是只經歷過未能召喚出長大成人必要轉換的假啟蒙。我們得到的是男孩心態占優勢的狀態。我們周遭到處都是男孩心態，很容易看到它的印記。這些印記中包括針對他人（男女兩性都有）的虐待與暴力發洩行為；消極與軟弱，無法在個人生命中採取有效而有創造力的行動，也不能在其他人（男女兩性都有）身上引發生命與創造力；還有很常見的，在虐待／軟弱、虐待／軟弱的兩極之間搖擺。

隨著有意義的男性啟蒙儀式過程崩潰，第二個因素似乎也為成熟男性身分認同的瓦解推波助瀾。女性主義批評的某個分支讓我們看見這個因素：父權體制（patriarchy）。至少從西元前第二個千年到現在，父權體制一直宰制著西方世界，以及全球許多地方的社會與文化體制。女性主義者已經看出在父權體制中，男性宰制如何壓迫並虐待女性面向，同時壓迫虐待所謂的女性人格特質與美德，還有實際的女人本身。某些女性主義者如此總結對父權體制的激進批評：追根究底，男性氣質本質上就是虐待成性，而人與「愛慾」（eros）——愛、連結感與溫柔——之間的連結，只會來自人性等式中女性化的那一邊。

雖然其中的一些洞見，對於讓男女兩性從父權刻板典型中解放的理想很有用，但我們相信這個觀點有嚴重的問題。就我們看來，父權**不是**深層與根深蒂固的男性氣質，因為真正深層而根深蒂固的男性氣質**不是**虐待性的。父權是**不成熟**男性氣質的表現，是男孩心態的表現，還有一部分是男性氣質陰影面（或瘋狂面）的表現。父權表現出發育不良的男性氣質，固著在不成熟的階段。

就我們的觀點來看，父權是針對完整女性氣質的攻擊，也是針對完整**男性氣質**的攻擊。那些困在父權結構與動力之中的人，設法要宰制的不只是女人，還有男人。可以確定的是，父權的基礎在於對女性的恐懼；這是男孩和不成熟男性所具有的恐懼，這份恐懼也是對男性的恐懼。男孩懼怕女人。他們也懼怕真正的男人。

父權式的男性並不樂見兒子或男性從屬者，發展出完整的男性氣質，就像他也不樂見女兒或女性員工有完整的發展。這就是見不得我們發展自我的那種辦公室上司的故事。甚至在我們設法要展露真正的自我，展現全部的美、成熟、創意與生產力的時候，有多常受到直接與消極抵抗式的羨慕、憎恨和攻擊啊！我們越是變得美麗、能幹又有創意，似乎就招來越多出自上司、甚至同儕的敵意。真正攻擊我們的東西，是害怕我們在男性或女性完整存在之路上有所進展的人，所展現出的不成熟。

父權體制表現出我們所謂的男孩心態。這不是成熟男性氣質在本質上、在存在達到圓滿時會有的表現。這個結論，是來自於我們對古代神話與現代夢境所做的研究、對主流宗教社群急速女性化所做的內在檢視、對整體社會中性別角色迅速變遷所做的反省，也是出自多年的臨床經驗。我們從中逐漸察覺到，許多尋求精神治療的男性內在生命中，少了某種不可或缺的東西。

在大半狀況下，缺少的東西並不是深層心理學家假定缺少的那一樣：與內在**女性氣質**的恰當連結。在許多例子裡，這些尋求幫助的男性都是被女性氣質給**淹沒**了，這種狀況將來還會持續發生。他們缺少的是與深層、直覺**男性**能量之間的恰當連結。父權體制本身，還有他們能自行把握的少量男性氣質所面對的女性主義批評，阻擋著他們，讓他們無法連結到這些潛能。他們的人生中缺乏任何有意義的轉型啟蒙過程，可讓他們達到某種成為男人的意識，這一點也阻擋了他們。

我們發現，在這些男性透過冥想、祈禱，還有榮格主義者所謂的積極想像（active imagination），尋求自己的男性氣質結構經驗時，在與成熟男性氣質的內在原型越來越有接觸時，他們就逐漸能夠放棄父權式傷人傷己的思維、感受與行為模式，真正變得更堅強、更有中心，對自己跟別人——男女**都包括在內**——更有生產力。

在現今的男性氣質危機裡，我們不需要像某些女性主義者所言的**更少的**男性力量。我們需要**更多**。但我們需要更多的**成熟**男性氣質。我們需要更多的男人心態。我們需要發展一種對於男性力量的冷靜意識，這樣就不必對其他人做出剝奪力量的宰制性行為。

在父權體制中，有太多對男性氣質與女性氣質兩者的毀謗與傷害，而女性主義對父權體制的反應裡也有。當女性主義的批評不夠明智時，實際上是進一步傷害到已經四面楚歌的真實男性氣質。其實在人類歷史上，成熟的男性氣質（或者成熟的女性氣質）可能從來不曾有過真正處於優勢的時刻。我們無法確定這一點。我們能夠確定的是，成熟的男性氣質在今日並不是居於優勢。

我們需要學會去愛成熟男性氣質，也被成熟男性氣質所愛。我們需要學習慶賀真實的男性力量與潛能，這不只是為了我們身為男性的個人福祉、為了我們與其他人的關係，也是因為成熟男性特質的危機，助長了我們整個物種所面對的全球生存危機。如果我們這個物種要能夠繼續邁向未來，這個危疑不安的世界就急切地需要成熟的男人與女人。

因為在我們的社會裡，很少有或根本沒有能把我們從男孩心態推動到男人心態的儀式過程，每個人都必須仰賴自己（在彼此的幫助支持之下），尋求男性能量潛力的深層源頭，那就在所有人的內心深處。我們必須找到一種方式，以連結到這些賦予力量的泉源。希望這本書能幫助我們成功達成這個重大任務。

Part I

從男孩心態
到男人心態

1

成年儀式過程的重要性與危機

我們聽說某些男性是這樣：「他就是沒辦法凝聚自己的中心（get himself together）。」在深層的意義上，這句話的意思是，這個人此刻沒有也無法體驗到有凝聚力的深層結構。他支離破碎：人格的各個部分彼此破裂分散，過著相當獨立且通常很混亂的生活。一個「沒辦法凝聚自己的中心」的男人，是一個可能沒有機會經歷儀式性啟蒙進入成年男子深層結構的男人。他仍然是個男孩，但不是因為他想要這樣，而是因為沒有人向他示範把男孩能量轉換成男人能量的辦法。沒有人引導他進入男性潛能內在世界中直接而療癒的經驗裡。

我們去拜訪遠祖法國克羅馬儂人（Cro-Magnon）的洞穴，往下走到那脫離塵世、屬於內在世界的聖殿的黑暗之中，然後點燃我們的燈，這時我們在震驚的敬畏中迅速後退，驚奇地看著眼前被描繪在那裡的景象：男性力量神祕的隱藏泉源。我們感覺有某種深沉的事物在體內萌動著。在這裡，在沉默的歌曲中，有魔法的動物，包括野牛、羚羊與長毛象等，以純樸的力與美跳躍怒吼，橫跨於高聳的拱形天花板與波浪起伏的四壁上，堅定地走進岩石皺摺的陰影之中，然後在燈光照射下，再度躍向我們。而在這裡，與這些動物畫在一起的，是男人們的掌印；他們是藝術家兼獵人，古代的戰士兼供養者，在此會面並執行原始的儀式。

人類學家幾乎一致同意，這些洞窟聖殿（至少有部分）是由男人為男人而打造，而且是為了男孩的儀式性啟蒙，為了讓他們進入男性責任與男性性靈的神祕世界而特地建造的。

但是，把男孩造就成男人的儀式過程，並不只限於我們對於這些古代洞窟的猜測而已。就像許多學者已經證明的（其中最知名的是默西亞・埃里亞德〔Mircea Eliade〕與維克多・特納），儀式性的啟蒙過程，直到現在仍舊存在於非洲、南美、南太平洋諸島等地方的部落文化之中。直到非常晚近，北美平原印地安人（Plains Indians）仍保留這種儀式。專家對於儀式過程所做的研究，可能會傾向於做枯燥的解讀。但我們可以看到幾部當代電影中多采多姿地上演了這種儀式。電影就像是古代的民間故事與神話，是我們告訴自己的故事，內容則是關於我們自己，包括我們的生活及生活的意義。事實上，給男女雙方的啟蒙過程，在許多電影裡是偉大的隱藏主題之一。

關於這個論點的一個好例子，就在電影《翡翠森林》（*The Emerald Forest*）裡。一個白人男孩被一群巴西印地安人擄走並扶養長大。有一天，他在河裡與一個美麗的女孩玩耍。酋長注意到他對這女孩感興趣已經好一陣了。這種性方面的興趣在男孩身上的覺醒，對於明智的酋長來說是個信號。他和妻子，還有幾位部族長老出現在河堤旁，讓正在跟女孩玩耍的湯米吃了一驚。酋長用低沉有力的聲音說道：「湯米，你要赴死的時刻到了！」每個人似乎都深感不安。酋長的妻子在此扮演所有女性、所有母親的角色，她問道：「他非死不可嗎？」酋長用凶狠的口氣說道：「是的！」然後，我們看到一個火光照耀的夜景，湯米在其中似乎被部族裡較年長的男人們折磨；然後他被迫進入叢林的藤蔓之間，被叢林蟻啃咬。他痛苦地扭動，身體在兇暴螞蟻的雙顎之間飽受摧殘。我們擔憂著會出現最糟的下場。

然而到最後，太陽升起了，而仍在呼吸的湯米被男人們帶到河邊沐浴，還在咬他的螞蟻從他身上被洗掉了。酋長接著揚聲說道：「男孩死了，男人出生了！」隨後他得到第一次性靈體驗，那是由一種用長管吹進他鼻子裡的藥所引發的。他產生了幻覺，並在其中發現了他的動物靈魂（一隻鷹），然後在一種擴大的新意識中，翱翔於世界之上，透過像神一樣的視角，觀看他的整個叢林世界。然後他獲准結婚。湯米是個男人了。而隨著他承擔起男人的責任與身分，他首先進入了部族勇者的位置，然後再進入酋長的位置。

可以這麼說：或許生命最根本的動力，就是嘗試從較低階的經驗與意識形式，移動到一個比較高階（或比較深刻）的意識層次；從一個四散的身分，移動到另一個比較強固而結構清楚的身分。人的整體人生，至少會嘗試照這樣的路線前進。我們尋求啟蒙：進入成人期、進入對自己和他人的成人責任與義務、進入成人的喜悅與成人的權利，還有進入成人性靈的啟蒙。部落社會對於男女兩性的成人期，以及如何達致成人，都有高度明確的概念。而他們有像《翡翠森林》這樣的儀式過程，好讓子女能夠達到我們稱之為冷靜、安定的成熟期。

我們的文化裡，有的卻是偽儀式；有許多給男性的偽啟蒙。被徵召入伍是其中之一；這個幻想在於，新兵訓練的羞辱與被迫失去身分，會「把你造就成一個男人」。大城市裡的幫派，則是另一種偽啟蒙的表現，監獄系統亦然，此系統幾乎可以說是幫派在經營的。

我們稱呼這些現象是偽事件，有兩個理由。第一，這些過程雖然高度儀式化（尤其是在都會幫派之中），卻通常把男孩「啟蒙」到一種扭曲、發育不良與虛假的男性氣概中，不過此項在軍隊啟蒙中可能沒有。這是一種父權式的「男子氣概」，會虐待他人，通常也會虐待自己。有時候新加入者會被要求進行一次儀式性的謀殺。通常幫派文化裡包括了濫用藥物。在這些體系裡，男孩可能變成以行為宣洩情緒的青少年，他們達到的發展層次，差不多等於整個社會在男孩式價值觀中所表達的層次，雖然那是以一種文化上相對抗的形式表現出來。不過這些偽啟蒙不會產生男人，因為真正的男人並不會濫用暴力或隨便展現敵意。我們在第三章仔細檢視的「男孩心態」，就充滿為了宰制他人而以某種形式進行的鬥爭。通常隨之而來的，是對自身還有他人的傷害。這是一種施虐及被虐狂。男人心態則是相反的。男人心態是撫育性與生產性，不是傷害性與毀滅性的。

為了讓某個男性產生男人心態，需要出現一次死亡。死亡，無論是象徵性的、心理性的，或者性靈上的，一直都是任何啟蒙儀式中的必要部分。從心理學上來說，男孩的自我必須「死」。舊有的存在、行動、思考與感受方式，必須儀式性地「死掉」，然後新的男人才能浮現。偽啟蒙，雖然對男孩的自我做出某些約束，卻經常強化了自我對於新形式的權力和控制的追求；這是一種受到其他青少年控制的青少年形式。讓人脫胎換骨的有效啟蒙，則徹底屠戮了舊有形式的自我及其欲望，再讓它重生，並與先前未知的力量或中心，建立起一種新的隸屬關係。臣服於成熟男性能量的力量，總是帶來一種新的男性人格，特色是冷靜、憐憫、眼界清晰、具育成力。

第二個因素也讓我們文化裡的大多數啟蒙變成了偽啟蒙。在大多數例子裡，就是缺少一個經過控制的儀式過程。儀式過程是由兩件事情所控制的。首先是神聖空間（sacred space），其次是一位儀式中的長者，一位「智慧老人」或「智慧老婦」，對於被啟蒙者來說，他們完全值得信賴，而且可以引導被啟蒙者經歷這段過程，然後把毫髮無損又有所成長的他（或她）送到另一邊去。

默西亞·埃里亞德廣泛地研究過神聖空間。他做出結論：經過儀式性神聖化的空間，對於每一種啟蒙來說都具有根本的重要性。在部落社會裡，這個空間可以是一個特地建造的茅屋或房舍，等待啟蒙的男孩就被留置在那裡等候。它也可以是一個洞穴。或者它可以是遼闊的荒野，即將接受啟蒙者會被趕到那裡，以便死去，或者找到他的男子氣概。神聖空間可以是魔法師的「魔法圈」。或者，就像在更先進的文明裡一樣，可以是一座大廟宇園區範圍內的一間內室。這個空間必須被封閉起來，隔絕於外在世界的影響之外，在男孩的例子裡，尤其要隔絕於女性的影響之外。通常被啟蒙者要經歷情緒上駭人，又會帶來極大身體痛苦的試驗。他們要學習臣服於生命的痛楚，臣服於儀式中的長者，也臣服於男性傳統以及社會裡的神話。所有男性的祕密智慧都會被教導給他們。只有在他們成功完成這個嚴峻考驗，重生成男人以後，才會從這個神聖空間裡被釋放出來。

成功啟蒙過程的第二個基本成分，是一位儀式長者的出現。在《翡翠森林》裡，儀式長者是酋長與部落裡的其他長老。儀式長者是知道祕密智慧的人，他知道部落的種種行事方式，還有受到仔細守護的男性神話。他是根據成熟男性氣概的視野來過生活的人。

隨著我們文化中成熟男性變得稀有，儀式長者也非常缺乏。因此，甚至就算有某種儀式過程存在，就算城市街頭或監獄囚房裡設置了某種神聖空間，偽啟蒙仍然歪斜地偏向強化男孩心態，而不是讓人朝著男人心態前進。

成熟男性氣質中的危機，對我們來說非常沉重。缺乏適當的成熟男性模範，也缺乏實現儀式過程的社會凝聚力與制度性結構，現狀是「人人為己」。大多數人誤入歧途，根本不知道成為我們性別驅力目標的東西是什麼，或者我們的奮鬥到底哪裡出了錯。我們只知道自己很焦慮，在自覺無能、無助、挫折、被壓迫、不被愛也不被欣賞的邊緣，通常以自己的男性氣質為恥。我們只知道自己的創造力受到攻擊，我們的進取心碰上了敵意，我們被忽略、被輕視，被留在這裡，手裡的袋子空空如也；我們的自尊失落了。我們陷入一個狗咬狗的世界，設法要撐住工作與人際關係，失去了精力，或者錯過了目標。許多人在尋求有育成力、有肯定性又能賦予力量的父親（雖然大多數人並不自知），無論我們多努力地想辦法讓他出現，在多數人的實際生活中，那種父親卻未曾存在過，也不會出現。

然而，身為人類神話學的學生兼榮格學家，我們相信有個好消息。這個對男人（還有女人）而言的好消息，是我們想要分享的。而我們現在就要轉達這個好消息。

2

男性的潛能

我們這些受到偉大的瑞士心理學家卡爾・榮格思維影響的人，有很大的理由要懷著期望，相信我們身為未完成的男人（would-be man），在這個世界上遭遇的外在不足（父親缺席、父親不成熟、缺乏有意義的儀式過程、儀式長者稀有）能夠被糾正。我們有的不只是期望，還有身為臨床醫師，以及充滿內在資源的個人實際經驗；在榮格之前的心理學界，從未想像過有這種內在資源存在。我們的經驗是，在每個男人的內心深處，都有冷靜與正面的成熟男性藍圖，我們也可以稱之為一種「硬性連線」（hard wiring）。榮格主義者把這些男性潛能指稱為「原型」（archetype），或者「原始形象」（primordial images）。

榮格及其後繼者已經發現，在深層無意識的層次上，每個人的精神都是奠基於榮格所謂的「集體無意識」之上，「集體無意識」可能是由我們這個物種，透過基因代代相傳的本能模式（instinctual patterns）與能量型態（energy configuration）所組成。這些原型提供了我們行為的基礎，包括我們的思維、感受，還有特有的人類反應。這些原型是藝術家、詩人、宗教預言家非常親近的形象製造者。榮格直接把這些原型與其他動物的本能連結在一起。

大多數人熟悉這個事實：小鴨子在孵化後，很快就會依附到當時走過的任何人或物體上。這種現象稱為「銘印」（imprinting）。這表示剛孵化的小鴨有關於「母親」或「照顧者」的內建連線，用不著學（不必從外部學習）照顧者是什麼。照顧者的原型在小鴨來到世界上後不久，就已經連線了。然而不幸的是，小鴨在第一時間遇到的「母親」，可能無法勝任照顧牠的任務。儘管如此，雖然外在世界的照顧者可能無法實現本能的期待（他們可能根本不是鴨子！），照顧者的原型還是形塑了小鴨的行為。

同樣地，人類內建了「母親」、「父親」，還有許多其他的人類關係，以及世界上所有形式的人類經驗。雖然外在世界裡碰到的這些關係與經驗，可能沒有實現我們對原型的期待，原型還是出現了。在所有人身上，這是恆常而有普世性的。我們就像是把一隻貓錯當成媽媽的小鴨，把實際上的父母錯當成我們內在的理想模式與潛能。

原型模式出了錯，在與外界的活人發生災難性的相遇以後，走偏到負面的方向，例如在生活中遇到不適任或者有敵意的父母，將會出現後果嚴重的心理問題。如果我們的父母如同心理學家溫尼考特（D. W. Winnicott）所說的，已經「夠好了」，那麼我們就能夠以正面的方式體驗，並且連結人類關係的內在藍圖。悲哀的是，大多數人並沒有得到夠好的親職照料。

來自病患的夢境與白日夢，還有針對人類行為根深蒂固的模式所做的仔細觀察，造就出堆積如山的臨床證據，為原型的存在留下充分的書面紀錄。對全世界神話學的深入研究裡，也留下原型的檔案紀錄。我們一再看到同樣的根本形象出現在民間傳說與神話裡。而這些原型，也剛好出現在對於這些領域一無所知的人所做的夢裡。舉例來說，死而復生的年輕神祇，出現在這麼多不同的民族神話裡：基督教、穆斯林波斯人、古代蘇美人，還有近代的美洲原住民，也出現在正經歷心理治療的病患夢中。有很多證據顯示，有潛在的模式決定了人類的認知與情緒生活。

這些藍圖看起來為數甚多，而且同時以男性與女性的型態出現。有些原型形塑了女性的思維、感受與關係模式，也有些原型形塑了男性的思維、感受與關係模式。此外，榮格主義者發現在每個男人身上都有女性化的次人格，稱為「阿尼瑪」（Anima），由女性原型構成。而在每個女人心裡，都有男性次人格，稱為「阿尼瑪斯」（Animus），是由男性原型所構成。所有人類多多少少都可以接觸到這些原型。實際上，我們是在彼此的相互關聯中，觸及這些原型。

隨著我們對於內在直覺人類世界的知識有了進步，這整個領域都得到積極的討論與持續的修正。我們才剛開始以有系統的方式，爬梳出總是在神話、儀式、夢境與幻覺中，顯現出的內在人類世界。原型心理學的領域，正處於它的嬰兒時期。我們想要向男人證明，如何能夠為了自己、周遭所有人，甚至可能還為了全球的好處，來連結這些正面原型的潛能。

3

男孩心態

毒販、左閃右躲的政治領袖、家暴男、老是「愛抱怨」的老闆、「炙手可熱」的資淺業務主管、不忠的丈夫、公司裡的「應聲蟲」、冷漠的研究所指導教授、「我比你神聖」的牧師、幫派分子、永遠找不到時間出席女兒在校活動的父親、奚落隊上明星球員的教練、雅痞，還有無意識攻擊病人「發光發熱」，然後替他們尋求某種灰濛濛常態的治療師等，這些男人都有某種共通點。他們全是假裝成男人的男孩。他們真的就是那樣，因為沒有人讓他們看到成熟男人是什麼樣子。他們的那種「男子氣概」，是真正男子氣概的偽裝，但大多數人都沒有察覺到。我們繼續把這個男人的控制、威脅與敵意行為誤解成力量。在現實中，他表現出的是一種潛藏的極端脆弱與無力，一種受傷小男孩的脆弱性。

驚人的事實是，大多數男人都固著於一種不成熟的發展階段。這些早期發展階段，是由適合男孩狀態的內在藍圖所管控。要是放任這些男孩內在藍圖宰制應該屬於成人的時期，而自我對於成熟男性氣質原型的妥善利用，又沒有建立在男孩原型之上並加以超越，就會導致我們按照自己心中隱藏的（對我們來說是隱藏的，對他人卻鮮少如此）男孩心態行動。

在我們的文化裡，通常會帶著喜愛之情談到「男孩子氣」的態度。真相是，每個人心中的男孩，若是處於人生中適當的位置時，就會是戲耍、喜悅、樂趣、能量，以及準備好面對冒險與未來的開放心態的來源。不過還有另一種男孩子氣，是在需要男人氣質的時候，讓我們與自己及他人的互動仍舊保持在幼兒狀態。

原型的結構

男性精神中的每個原型能量潛能，不管是不成熟與成熟的形式，都有一種三位一體，或者說是分成三部分的結構（見圖表1，五十二頁）。

三角形的頂點是處於最圓滿狀態的原型。在三角形的底部，原型是在我們所謂的兩極化功能失調（bipolar dysfunctional），或稱「陰影」（shadow）的形式下被體驗到。在不成熟與成熟的兩種形式下（也就是說，在男孩心態與男人心態下），這種兩極化功能失調代表一種沒有被整合或凝聚的心理狀態，因此它可以被認為是不成熟的。精神中缺乏凝聚力的狀態，永遠都是發展不當的一種症狀。當男孩與隨後的男人人格成熟到進入合適的發展階段時，這些陰影形式的極端就會變得整合而統一了。

有些男孩似乎比其他人更「成熟」；毫無疑問地，他們在無意中比同儕更完整地連結了男孩狀態的原型。這些男孩達成了其他人沒達到的整合與內在統一層次。其他男孩可能看似比較「不成熟」，甚至把男孩時期自然的不成熟列入考慮也一樣。舉例來說，一個男孩在自己之內感覺到英雄特質、把自己看成一個英雄，是正確的。但許多男孩卻做不到這一點，變得被困在英雄（Hero）的兩極化陰影形式裡，變成耀武揚威的惡霸（Grandstander Bully），或者懦夫（Coward）。

不同的原型在不同的發展階段開始運作。不成熟男性氣質中第一個「啟動」的原型，是「神聖小孩」（Divine Child）。「早熟小孩」（Precocious Child）與「伊底帕斯情結之子」（Oedipal Child）是下一批；男孩時代的最後階段是受到「英雄」主控。當然，人類的發展並不總是進展得這麼乾淨俐落；途中會出現種種原型影響的混合。

有趣的是，男孩心態的每個原型會以一種複雜的方式，引發成熟男性氣概的每個原型：男孩是男人之父。因此，「神聖小孩」在經過生活經驗的調節與充實之後，變成了「國王」（King）；「早熟小孩」變成「魔法師」（Magician）；「伊底帕斯情結之子」則變成「愛人」（Lover）；「英雄」則變成了「戰士」（Warrior）。

男孩時期的四個原型，每個都有三角形的結構，因此可以組合成一座金字塔（見圖表2，五十四頁），用來描繪男孩剛出現的身分，也就是他未成熟男性自性（Self）的結構。在成熟男性自性的結構這方面也是如此。

如同我們先前提過的，成年男性不會失去他的男孩子氣，而形成男孩氣質基礎的原型也不會離去。既然原型不可能消失，成熟男性會超越男孩的男性力量，在這些力量之上做建設，而非摧毀這些力量。最後造成的成熟男性自性結構，是一座金字塔之上的金字塔（見圖表3，五十五頁）。雖然不該從字面上去理解這些圖像，但我們會論證，金字塔是人類自性的普世象徵*。

* 原書注：我們的理論是，女性的自性結構也有金字塔式形式，而當男性自性與女性自性的金字塔底邊對底邊放置在一起的時候，會形成一個八面體，這個圖像在畫面上代表著榮格式的自性，同時擁抱男性與女性特質。請見榮格的《永世》（*Aion*, translated by R. F. C. Hull, Bollingen Series XX〔Princeton: Princeton Univ. Press, 1959〕）。我們在解碼「雙重金字塔」的時候，已經超越了榮格所說的範圍。

圖表1：不成熟與成熟男性的原型

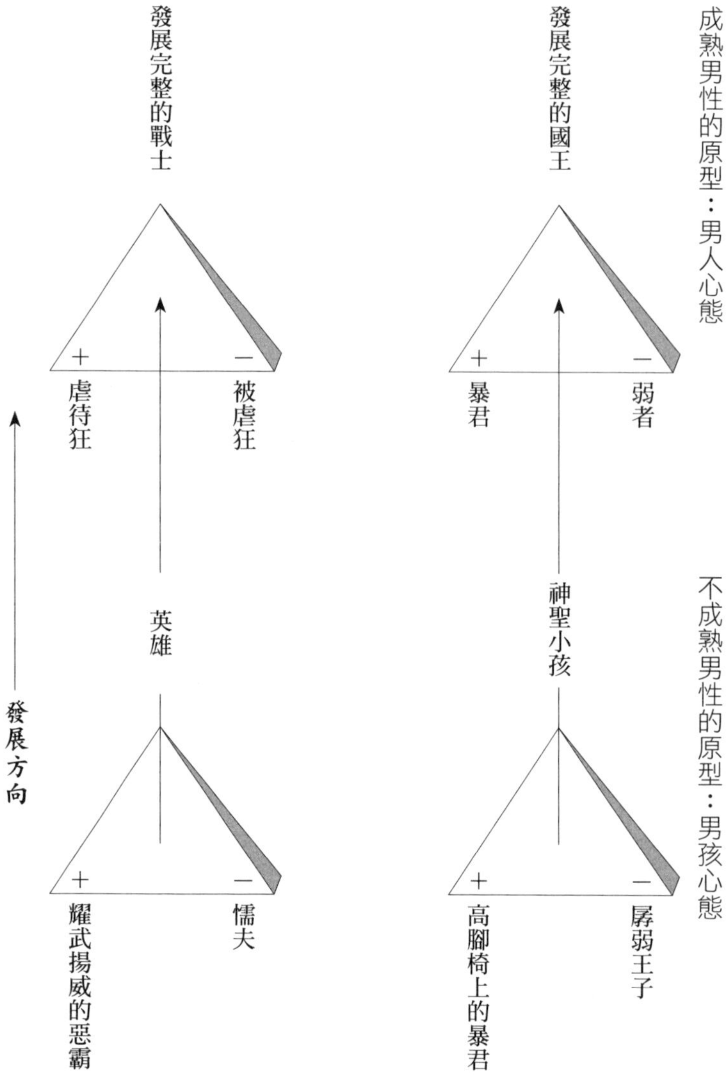

不成熟兩極化功能失調陰影體系
（＋／－指出積極端與消極端）

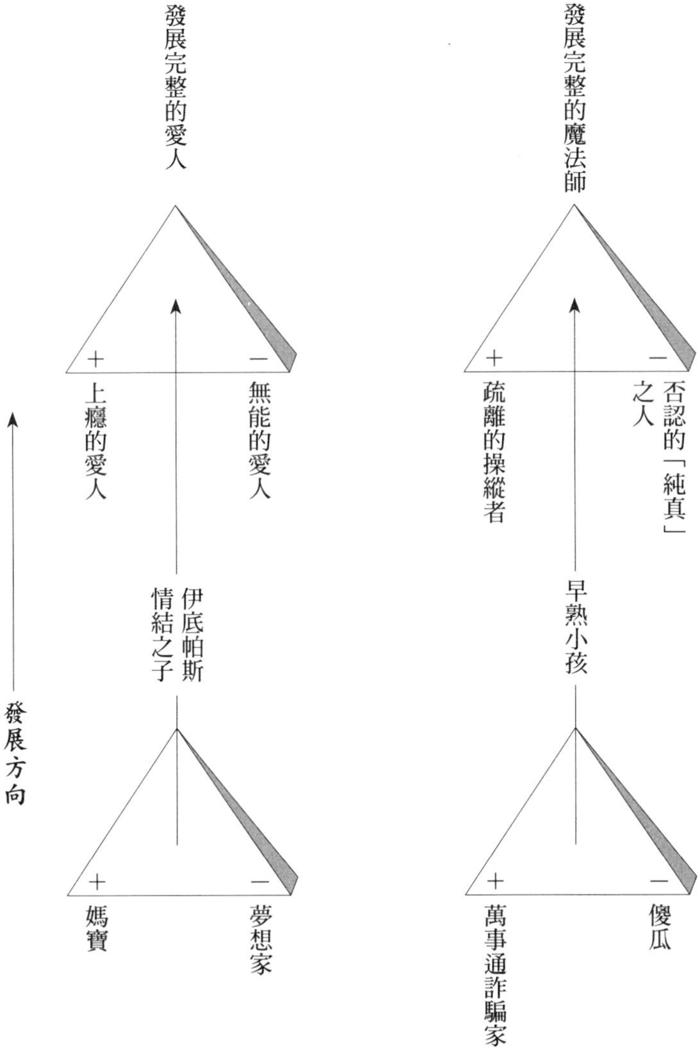
發展完整的魔法師
否認的「純真」之人
疏離的操縱者
早熟小孩
傻瓜
萬事通詐騙家
發展完整的愛人
無能的愛人
上癮的愛人
伊底帕斯情結之子
夢想家
媽寶
發展方向
+
−

圖表2

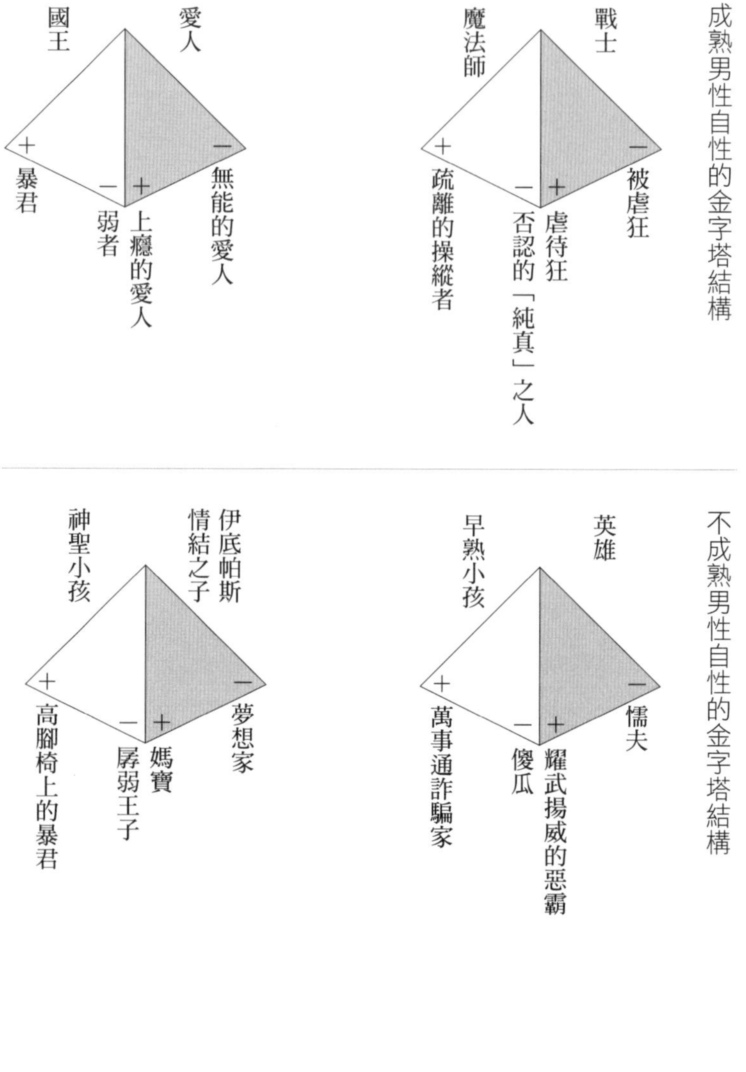
成熟男性自性的金字塔結構
戰士
魔法師
被虐狂
虐待狂
否認的「純真」之人
疏離的操縱者
愛人
國王
無能的愛人
上癮的愛人
弱者
暴君
不成熟男性自性的金字塔結構
英雄
早熟小孩
懦夫
耀武揚威的惡霸
傻瓜
萬事通詐騙家
伊底帕斯情結之子
神聖小孩
夢想家
媽寶
孱弱王子
高腳椅上的暴君

圖表3

男性自性結構的多層金字塔
（金字塔中的金字塔）

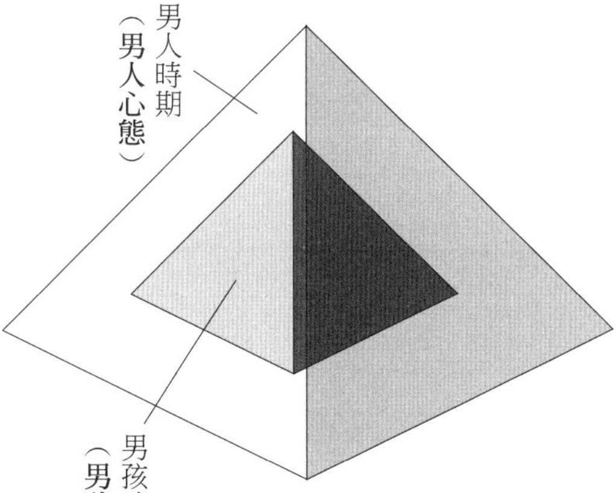

神聖小孩

最初、最原始的不成熟男性能量，就是神聖小孩。我們全都熟悉嬰兒耶穌誕生的基督教故事。他是一個謎。他來自神聖領域（Divine Realm），是由處女所生。奇蹟般的事物與事件都照應他：星星、來朝拜的牧羊人、來自波斯的智者。在他的崇拜者環繞下，他占據的不只是馬槽的中央位置，而是整個宇宙的中心。在流行聖誕歌曲中，就連動物都照應他。在這些畫面裡，他閃耀出光芒，所躺著的稻草堆柔軟而閃閃發亮，泛出光暈。因為他是神，他是全能的。同時，他又全然柔弱無助。他一出生，邪惡的希律王就發現他的存在，設法要殺他。他必須受到保護，並且被悄悄送到埃及去，直到他強壯到可以展開人生志業，那些會毀滅他的力量也耗盡能量為止。

通常大家沒有領悟到的是，這個神話並不是單獨存在的。世界的各種宗教中充滿了奇蹟男嬰的故事。基督教故事本身，有部分是以偉大的波斯預言家瑣羅亞斯德（Zoroaster）的出生故事為範本，再加上自然界的奇蹟、東方三博士，還有對他性命的威脅，來讓故事更完整。在猶太教裡有嬰兒摩西，他生來要成為族人的解救者、偉大的導師與人神之間的仲裁者。他以埃及王子的身分被養大。然而在他的早年，生命受到法老的敕令威脅，無助而脆弱的他被放進蘆葦做的搖籃裡，放到尼羅河上漂流。這個故事的範本則來自更古老的傳說——偉大的美索不達米亞之王，阿卡德的薩爾貢（Sargon of Akkad）的嬰兒時期。從世界各地，我們還聽到嬰兒佛陀、嬰兒奎師那（Krishna）、嬰兒戴奧尼索斯（Dionysus）的神奇嬰兒期傳說。

更鮮為人知的是，這種在宗教中普遍存在的神奇男嬰形象，在我們內心也是普遍存在的。這一點可以見於精神分析中的男性之夢，男性（尤其是在他們開始好轉的時候）經常夢見一個男嬰，讓夢境充滿光明與喜悅，還有一種神奇與恢復精力的感覺。通常，接受治療的男性也會在覺得好轉的時候，產生一股想生兒育女的衝動，或許這會是他們有生以來第一次這麼想。

這些事件就是信號，指出他體內有某種嶄新而有創造力、新鮮又「純真」的東西誕生了。他人生的一個新階段開始了。他過去不曾意識到的部分、有創造力的部分，現在往上衝進意識之中。他在體驗新生命。不過，每當我們心中那個「神聖小孩」在人前曝光的時候，內在與外在的希律王們，就在後面不遠處等著攻擊。新生命，包括新的心理生命，總是脆弱的。當我們感覺到這股新能量在內部表露出來的時候，需要採取行動保護它，因為它會被攻擊。一個男人可能會在他的治療裡說：「我可能真的在好轉了！」然後某個內在的聲音可能就立刻回應他：「喔不，你才沒有。你知道你永遠不可能好的。」所以，現在就是把脆弱的「神聖小孩」送去「埃及」的時候了。

一旦了解聖誕節故事裡動物親近愛戴、天使宣布和平降臨人間的主題，我們就可以在希臘的奧菲斯（Orpheus）神話故事裡看到，神聖小孩是比「國王」的成熟男性能量更早成形的原型能量。半人半神的奧菲斯坐在世界中央，彈著他的七弦豎琴，同時唱著一首歌，把森林中所有動物都引到他身邊。無論是獵物還是獵食者，牠們都被這首歌吸引。而牠們在完美的和諧中圍繞著奧菲斯，彼此間的差異消弭了，所有的對立都被帶進一個超越塵世的秩序中（如同我們會看到的，這是國王的典型功能）。

神聖小孩把和平與秩序帶給全世界，包括動物界（從心理的角度來看，動物代表我們自己經常起衝突的本能），這個主題並不僅限於古代神話。接受精神分析的某位年輕男子，有一次告訴我們一個故事，那是他童年時發生的一個不尋常事件。他告訴我們，在他五、六歲時的一個春日下午，自己因為渴望某個東西而走進後院。他年紀太小，說不清那是什麼東西，但後來回想，他當時是渴望著一種內在的平靜與和諧，還有與萬物合一的感覺。他站在那裡，背對著院子裡的一棵橡樹，站在那裡開始唱一首他走過去時編出來的歌。對他來說這有種催眠性質。他唱出自己的渴望。他唱出自己的悲傷。他唱出一種小調的深沉喜悅。他唱出一首憐憫所有生物的歌。這是一種撫慰自己與他人的搖籃曲（一首唱給小男嬰的歌）。很快的，他開始注意到小鳥來到這棵樹上，一次飛來幾隻。他繼續唱，同時有更多的鳥飛來了，繞著這棵樹盤旋繞圈，降落在樹的枝枒上。到最後，樹上停滿了鳥兒。這棵樹因為這些鳥而活了過來。在他看來，牠們是被他那首歌裡的美與憐憫引誘來的。牠們肯定了**他的**美，並且藉著表達對他的愛慕，回應了**他的**渴望。這棵樹變成生命之樹（Tree of Life），而且他內在的「神聖小孩」得到的這種肯定，讓他重振活力，他可以這麼繼續下去。

「神聖小孩」的原型，以奧菲斯、基督與嬰兒摩西等形象出現在神話裡，也以各種形象出現在許多宗教神話中，出現在治療中的男人夢境裡，也出現於男孩的實際經驗中。這種原型看似存在於所有人的「硬性連線」之中。這似乎是我們與生俱來的。它有許多不同的名字，在不同的心理學派裡得到不同的評價。通常心理學家會譴責它，而且會設法讓客戶與這種原型脫離關係。重點在於看出神聖小孩是以不成熟男性氣質的一種原初模式，內建於我們的內在。

佛洛伊德在提到這個原型的時候，稱之為「本我」（Id）、「它」

（It）。他視之為「原始」或「嬰兒的」驅力，無道德、強勁，而且充滿了自命為神的誇耀。那是沒有人格的自然本身潛藏的推力，只在乎滿足這孩子無止盡的需求。

心理學家阿爾弗雷德．阿德勒（Alfred Adler）談到它時，稱之為每個人內在的隱藏「權力驅力」（power drive），一種隱藏的優越情結，用以掩蓋我們實際上易受傷害、虛弱與自卑的感覺。（請記得，神聖小孩既是全能的、是宇宙的中心，同時也完全無助而虛弱。事實上，這就是嬰兒的實際經驗。）

發展出「自體心理學」（self-psychology）理論的海因茨．寇哈特（Heinz Kohut），說這種原型是「浮誇的自我組織」（grandiose self organization），就是以永遠無法被滿足的方式，苛求我們自己與他人。最近的心理分析理論指出，被這種「嬰兒式的」浮誇感支配，或者認同這種浮誇感的人，是表現出一種「自戀型人格違常」（narcissistic personality disorder）。

然而，卡爾・榮格的追隨者對於這個「神聖小孩」有不同的看法。他們比較不會從病理性的角度來看待神聖小孩。榮格主義者相信神聖小孩是原型自性（Archetypal Self）的一個重要面向，這個Self用大寫字母強調，是因為它不同於自我（Ego）——小寫的self。對榮格主義者來說，我們內在這個神聖小孩是生命之源。它具備神奇的、賦予力量的特質，而與它接觸能製造出一種巨大的幸福感、對生命的熱忱，還有極大的平和與喜悅，就像它為橡樹下的年輕男孩所做的。

我們相信，這些不同的精神分析學派，每一個都是對的。每個學派都理解到這種能量的兩個不同面向，一個是整合而統一的，另一個則是陰暗面。在三角形原型結構的頂端，我們體驗到神聖小孩，他讓我們恢復活力，並且讓我們保持「心靈年輕」。在三角形的基底，我們體驗到「高腳椅上的暴君」和「孱弱王子」。

高腳椅上的暴君

高腳椅上的暴君，具體而微的形象就是坐在高腳椅上的童書主角，小公子方特洛伊（Little Lord Fauntleroy），他用湯匙敲著盤子，然後尖叫著要媽媽餵他、親吻他、照顧他。他就像暗黑版的孩童基督，是宇宙的中心；其他人的存在是為了迎合他無上權力的需求與欲望。但送來的食物通常不符合他的特定要求：這食物不夠好；種類不對；太熱或太冷，太甜或太酸。所以他把食物吐在地板上，或者扔到房間的另一頭。如果他變得夠自以為是，不管他有多餓，都會覺得任何食物都不對。如果他母親在讓他徹底「失望」以後，還把他抱起來，他會尖叫扭動、拒絕她的親近，因為這些親暱舉動並不是在完全正確的時機提供的。高腳椅上的暴君以他的妄自尊大、無止盡的要求，傷害到他自己，因為他拒絕了求生所需要的東西：食物與愛。

「高腳椅上的暴君」特徵包括：自負（希臘人所謂的 hubris，或稱過度的驕傲）、孩子氣（負面意義上的）以及不負責任，甚至對自己這個血肉之軀、有生理與心理需求要滿足的嬰兒，也不負責任。這一切就是心理學家所說的自我膨脹或病理性的自戀。高腳椅上的暴君需要學習到他不是宇宙中心，而且這個宇宙的存在並不是來滿足他的每一個需求；或者更好的說法是，他無止盡的需求、自以為是神的虛榮。宇宙會滋養他，卻不會滋養神祇形式的他。

高腳椅上的暴君，透過陰影國王，可能在成年後繼續成為一種具支配性的原型影響。我們全都知道那種故事：某個未來的領袖、企業執行長或者總統候選人，他們開始聲名鵲起，接著卻自己搞砸了。他毀了自己的成功，一敗塗地。古代希臘人說，復仇女神總是跟在過度驕傲後面。眾神總是會擊倒那些變得太過自負、苛求或自滿的凡人，舉例來說，伊卡路斯（Icarus）用羽毛與蠟做了雙翼，以便像鳥（可以解讀成「眾神」）一樣地飛翔，然後他在自滿之中，違抗父親的警告，飛得太靠近太陽了。太陽熔化了蠟，雙翼解體，他直接墜入海裡。

我們熟悉這句諺語：「權力使人腐化，絕對權力使人絕對腐化。」法國國王路易十六因為自負而失去了他的腦袋。通常男性在企業結構裡崛起時，隨著取得的權威與力量越來越多，自我毀滅的風險也會跟著攀升。只想要一呼百諾、不想知道到底發生什麼事的老闆，不想聽旗下將領建言的總統，不能容忍校內教師提出批評的校長，他們全都是被「高腳椅上的暴君」控制，即將垮臺的男人。

攻擊人類宿主的「高腳椅上的暴君」，是個完美主義者：他期待自己辦到不可能的事，而且在無法迎合體內那個嬰兒的要求時，就會嚴厲責備自己（就像他母親所做的一樣）。暴君壓迫一個男人要做出更多更好的表現，而且對於他的成果永遠不滿意。這個不幸的男人變成了他體內那個浮誇兩歲幼兒的奴隸（就像過去的母親）。他必須擁有更多世俗物資。他不能犯錯。而且因為他不可能符合內在暴君的要求，將會發展出胃潰瘍或生病。到最後，他無法忍受這種無情的壓力。男人通常是以心臟病發來應付這種暴君，採取罷工來對抗他。到最後，唯一逃離「小公子」的辦法就是去死。

在無法控制「高腳椅上的暴君」的時候，他會以史達林、羅馬暴君卡利古拉（Caligula）或希特勒之類的身分現身，這些人全都是惡質的社會病態者。我們會變成某一類的執行長，寧可看著公司失敗，也不要處理自己的妄自尊大，以及對內在那位苛求的「神祇」的自我認同。我們可能變成小希特勒，但在這個過程裡會毀掉自己的國家。

前面已經說過，神聖小孩只想要存在，並且讓所有事物流向他。他並不想做事。藝術家想要不動一根手指就被愛慕。執行長想要坐在辦公室裡，享受皮革椅子、雪茄、迷人的祕書、領高薪、享受紅利。但他不想為公司做任何事。他想像自己刀槍不入、重要無比。他通常會貶抑或減損設法達成某些事情的人。他在高腳椅上，而他正在害自己被開除。

孱弱王子

在「神聖小孩」的兩極化陰影中，另一端是孱弱王子。被孱弱王子占據的這個男孩（與後來的男人），看起來沒什麼個性，沒有對生命的熱忱，也沒多少進取精神。這是個需要被呵護的男孩，以沉默或抱怨出來的無助，來指使周遭的人。他需要被捧在枕頭上帶著到處走。一切對他來說都太過火了。他鮮少加入孩子們的遊戲；他的朋友寥寥無幾；他在學校表現不好；他經常懷疑自己生病了；他最微小的願望對父母而言就是命令；整個家庭系統環繞著他的舒適運轉。然而，在他對手足做出如匕首一般的口頭攻擊、辛辣地諷刺他們，還明目張膽地操弄他們的感受時，他揭露了自己的無助是不誠實的。因為他已經說服父母相信，他是人生無助的受害者，其他人都在挑剔他，當他跟手足之間起爭執時，父母會傾向於懲罰那位手足，卻原諒他。

孱弱王子是「高腳椅上的暴君」的另一極端，雖然他鮮少使出暴君的壞脾氣，還是占據了一個比較不容易被察覺到的王座。就像所有躁鬱症／兩極障礙（bipolar disorders）的狀況一樣，自我不時被某一極端的意志占據，逐漸地滑移或者突然間跳躍到另一極端。利用兩極化磁性的意象來描述這種現象時，我們可以說，磁鐵的兩極逆轉，仰賴的是電流通過磁鐵時的方向。當這樣的逆轉發生在一個受困於「神聖小孩」兩極化陰影下的孩子身上時，他會從暴君式的爆發轉向憂鬱的消極性，或者從明顯的軟弱轉向憤怒的表現。

連結神聖小孩能量

為了適當地連結神聖小孩，我們需要承認他，卻不是認同他。我們需要關愛及欣賞這個男性自性原始面向的創意與美感，如果我們跟他沒有這個連結，就永遠不會看見生命中的種種可能性。我們永遠不會抓住機會，追求嶄新與生氣蓬勃。

無論是行動主義者、藝術家、行政人員或教師，每個有領導能耐的人都需要與有創意、愛玩的「孩子」連結，以便表現出他的完整潛能，並且推進他的目標、讓他的公司變得更好，並且加強自身與其他人的育成力與創造力。與這種原型的連結，讓我們不至於覺得自己徹底完蛋、無聊，也不會看不到周遭豐富的人類潛能。

我們曾經說過，治療師通常會貶低客戶心中浮誇的自性。雖然有時候客戶有必要跟「神聖小孩」保持情緒上與認知上的距離，我們卻不曾碰到很多（至少在那些尋求治療者之中）**認同**自身創造力的男性。他們反而需要去接觸創造力。我們想要**鼓勵**男性心中的偉大性質。我們想要鼓勵野心。我們相信，沒有人真正想要處於某種灰撲撲的常態。常態的常見定義，就是「合乎平均值」。我們似乎認為，我們活在一個受到「常態」詛咒的年代，特色是舉止平庸。那些堅持貶低客戶身上那個浮誇自性「發光發熱」的治療師，自己很有可能跟內在的「神聖小孩」分離了。他們嫉妒客戶身上那個「孩子」的美麗與新鮮感，還有創造力與生命力。

古羅馬人相信，每個人類嬰兒生來都有某種稱為「genius」的東西，那是他或她一出生就被指定的守護精靈。羅馬人的生日派對，與其說是向那個人致敬，還不如說是對那個人的守護精靈，也就是與他或她一同降生到人世的神聖存在致敬。羅馬人知道，這個男人的自我，並不是他的音樂、藝術、治國才能或勇氣之舉的來源。那個來源是神聖小孩，他內在自性的一個面向。

我們需要問自己兩個問題。第一個問題不在於我們**是否**表現出高腳椅上的暴君或者孱弱王子，而在於我們**如何**表現；因為我們全都在某種程度上，以某種形式表現出兩者。至少，在我們疲憊或極端恐懼，退化到孩童狀態裡的時候，全都會這麼做。第二個問題也不在於有創造力的「孩子」是否存在於我們之中，而是我們怎麼尊崇他，或不尊崇他。如果我們在個人生活與工作中沒有感覺到他，那麼我們就必須自問，我們是如何阻擋了他。

早熟小孩

有個絕妙的小雕像，雕刻的是古埃及魔法師兼大臣印何闐（Imhotep）還是男孩子的模樣。印何闐坐在一個小王座上，閱讀一個捲軸。他臉上的表情溫和而若有所思，但一種內在的光芒讓他顯得充滿活力。他低頭看著自己恭敬地握在手中的文字。他的姿態展現出優雅、鎮定、專注與自信。這不是一個真正的肖像，這座小雕像其實是「早熟小孩」原型的形象。

當一個男孩渴望學習，當他的心思變得快捷，當他想要跟其他人分享學到的東西時，體內的「早熟小孩」就會展現出來。他眼中閃閃發光，一股身體與心靈的能量，顯示出他在觀念的世界裡冒險。這個男孩（還有後來的男人）想知道一切的「為什麼」、「是什麼」，還有「在哪裡」。他通常在早年就學會閱讀，這樣他就可以回答自己的問題了。他通常是個好學生，而且是課堂討論的熱烈參與者。通常這個男孩也在一個或多個領域裡很有才華：他也許能夠素描或畫圖畫得很好，或者精通某種樂器。他可能很擅長運動。早熟小孩是所謂神童的來源。

早熟小孩，是我們的好奇心與冒險衝動的源頭。他敦促我們成為未知、奇異和神祕之事的探索者與先驅。他導致我們對周遭的世界和自己內在的世界感到驚奇。一個受到早熟小孩強大影響的男孩，會想要知道是什麼驅策其他人，也想知道是什麼在驅策自己。他想知道為什麼別人會以他們那種方式行動，為什麼他會有現在有的那種感受。他有內向與反省的傾向，而且能夠看到事物之間隱藏的關聯。他比同儕更早做到對於周遭的人達到一種認知上的抽離。雖然他內向又自省，卻也是外向的，並且渴望對外接觸其他人，跟他們分享自己的洞見與才智。他通常會體驗到一種強烈的衝動，要用自己的知識來幫助其他人，而朋友通常會向他尋求精神依靠，也會為了學業向他求助。一個男人心中的早熟小孩，讓他的驚奇感與好奇心保持活躍，刺激他的知性，並且驅策他朝著成熟魔法師方向前進。

萬事通詐騙家

早熟小孩的兩極化陰影，就像所有不成熟男性原型的陰影形式一樣，可能被帶進成人時期，將導致成年男人在思想、感受與行為上，表現出不恰當的幼稚病。「萬事通詐騙家」人如其名，是一種不成熟男性能量，對於自己或他人的生命，使出或多或少有嚴肅性質的詐術。他是創造出表面的專家，然後會靠著這些表面「賣」給我們。他引誘別人相信他，然後再抽走他們腳下的地毯。他讓我們相信他、信賴他，然後背叛我們，嘲笑我們的悲慘。他引導我們走向叢林中的天堂，結果只是給我們一頓氰酸大餐。他總是在找受騙的傻瓜。他是個惡作劇高手，很擅長愚弄我們。他是個操縱者。

「萬事通」是一個男孩或男人心中的詐騙家面向，很享受恫嚇他人。在萬事通力量影響下的男孩（或男人），常常大放厥詞。他總是在班上舉手發言，但這不是因為他想參與討論，而是因為他想要同學理解到，他比他們更聰明。他想要騙他們相信，跟他相比，他們都是傻瓜。

然而，被這個萬事通占據的男孩，不必然會把誇大的早熟限制在知性的炫耀上。他可能對於任何主題或活動都是自命的萬事通。有一個出身於富有英國家庭的男孩，在某年夏天來到美國，在基督教青年會夏令營裡度過一個月。他花了大半的時間在告訴其他男生（他口中的「平民」），他跟著外交官父親去歐洲與亞洲旅行多次的所有事情。當其他男生問起這個或那個外國城市的細節時，這個英國男孩會回應道：「你們這些蠢美國人。你們就只知道你們的玉米田！」同時用英國上層階級口音來表演這一套「我比你們優越」的大秀。犯不著說，美國男孩們覺得羞恥又憤怒。

受制於萬事通力量下的男孩或男人，會製造出許多敵人。他在口頭上辱罵別人，認為別人不如他。因此在小學裡，可能會發現他被壓在一堆正在暴打他的憤怒男孩底下。在這類衝突之後，他鼻青臉腫地脫身，卻還是有種目中無人的信念，認定自己比較優越。在我們所知的一個極端例子裡，有個萬事通男孩相信他是二度降臨人世的耶穌基督。他想不透的只有一件事，為什麼似乎沒有人認得出他。

仍然被「早熟小孩」的這種幼稚陰影形式控制的萬事通男人，用他的吊帶與商務西裝把優越感穿在身上，用公事包把優越感帶在身邊，也用他那種「我太忙、太重要，現在沒辦法跟你說話」的態度，來表現優越感。他有一種很有特色的沾沾自喜之情，通常臉上掛著盛氣凌人的得意笑容。他經常主導對話，把友善的討論變成演講，把爭論變成謾罵。有人不知道他知道的事情，或者主張跟他不同，他就會貶低他們。因為詐騙家是全面性的心理情結，萬事通就在此情結之下運作，受制於這種幼稚影響的男人，對於自己知識的深度或自身的重要程度，通常都在欺騙別人，或許也在欺騙自己。

但他也有積極的一面。他非常擅長戳破膨脹的自我，包括我們自己或其他人的。而我們常常需要被戳破。他能夠一眼就立刻看穿我們在什麼時候、以何種方式自鳴得意，並且認同自己的浮誇形象。而他抓住這個機會，以便把我們貶回普通人的地位，向我們暴露我們所有的弱點。這就是中世紀歐洲國王宮廷裡的弄臣所扮演的角色。在某個重要儀式裡，其他人都在表達對國王的崇拜敬愛，國王也開始崇拜敬愛自己時，弄臣就會蹦蹦跳跳地來到典禮中央，然後——放個響屁！他說的是：「別自我膨脹。不管我們賦予彼此什麼樣的地位，所有人在此都只是人類。」

《聖經》裡的耶穌稱呼撒旦是「謊言之父」，因此把撒旦等同於表現出負面特質的詐騙家。然而，《聖經》也以一種迂迴的方式，以某種正面角度呈現詐騙家撒旦，雖然大多數人可能都忽略了這一點。舉例來說，約伯（Job）的故事描繪出約伯與神之間互相敬重的關係。神給了約伯巨大的財富、物質上的安定、健康，還有一個大家庭。約伯這一方，對神有無盡的尊崇。這是個互相欽慕的社會。然後撒旦登場了，嗅出這整件事情裡虛偽的一面。撒旦是惹麻煩的人；這是為了真理。他的想法是，如果神詛咒約伯，約伯終究會停止歌頌神。神不想相信撒旦，但神照著這個計畫走，可能直覺上知道撒旦是對的。而撒旦是對的！一旦神把約伯擁有的一切拿走，包括他的家庭、財富、健康，約伯終於拋下表面上的虔誠，對神揮舞著拳頭，徹底咒罵了一通。神的回應則是恫嚇約伯。

就連在伊甸園故事裡，撒旦都為了暴露理應「善良」的受造物欺詐虛妄的本性，而刻意滋事。神想要相信祂創造的一切都是好的，但到頭來祂還是創造了惡，把惡懸掛在善惡知識樹上。撒旦化身成蛇，決心暴露這個「全善」造物的陰影面。透過亞當與夏娃的「墮落」，他成功了。只有在撒旦暴露出創造之中的惡，同時也暗示了造物主之中的惡之後，誠實與療癒才能夠開始。

《西城故事》（*West Side Story*）裡年輕的幫派分子，以小丑與詐騙家的方式，設法找藉口向模範克魯基（**Krupke**）警官解釋自己以及所做的毀滅性行為，而他們其實相當精確地暴露出不甚美好的、造就出他們的社會陰暗面。

詐騙家是怎麼運作的？就假設你正在準備提出此生最傑出的簡報吧。你對自己別出心裁的洞見，實在感到太驕傲了！你在電腦前面坐下來，命令它印出你先前打進去的筆記，然而印表機不聽話。你自己內在的詐騙家騙了你。

或者你正要出席一個重要的集會。你算好了時間，因為你知道每個人都會恭候你大駕光臨；只等幾分鐘，時間剛好夠長，讓他們領悟到你有多重要。你終於上車，準備要踏上勝利之路。然而你卻找不到鑰匙。詐騙家就是這樣對抗（長遠來看，說不定是**幫助**）我們。

但他也透過我們對抗其他人。也許你是愛惡作劇的人，無情地用惡作劇不斷騷擾其他人，直到有人對你還以顏色，迫使你理解到這樣有多傷人為止。你就像一個汽車推銷員，在車子真正的組成結構方面欺騙了顧客，然後管理階層又在佣金方面欺騙**你**。

我們曾經認識一位研究生，這種原型的這個面向支配了他。他不斷地透過充滿魅力（卻又沒那麼有魅力）的幽默，拿別人開刀，暴露他們的弱點。他嘲笑教授在課堂上出糗；他嘲笑學校校長的失言。他自己有政治抱負，希望能為他最愛的理想創造出一個學生運動。但他離間了需要吸收來當支持者與導師的那些人。他的詐騙家行為最後孤立了他，讓他變得毫無力量。直到後來接受治療，他藉著研究美國原住民對詐騙家的描繪，在過程中熟悉了這種原型的占有力量，這時他才能夠解放自己，免於這種強迫性的自我毀滅行為。

或許最為人所知的詐騙家出現在《聖經》裡，在雅各（Jacob）與以掃（Esau）的故事中，雅各透過「賣」給以掃一碗湯，而得到以掃擁有的長子名分。雅各騙他的大哥放棄身為父親財產繼承人的所有正當地位與財富。透過操縱，他取得了不屬於自己的東西。

我們需要清楚理解這種不成熟的能量。雖然這種力量在正面模式下的目的似乎是暴露謊言，但如果不加以節制，它就會進入負面模式，變得自毀毀人。這種不成熟男性能量的負面面向，對於其他人的所有真實努力、所有權利與所有美好，是具有敵意與貶抑性的。詐騙家就像高腳椅上的暴君，自己不想做任何事。他不想老老實實賺得任何東西。他只想要存在，而且成為他沒有權利成為的那種人。以心理學語言來說，他是被動攻擊型。

就是這種形式的能量在尋求大人物垮臺，對重要人士的毀滅感到高興。但詐騙家並不想取代垮臺的人。他不想擔起那個男人的責任。事實上，他不想要任何責任。他只想做到剛好搞砸別人的事情。

詐騙家導致一個男孩（或者孩子氣的男人）有面對權威的問題。這樣的男孩（或男人）總是能夠找到一個男人來恨，到最後把這個人射下馬來。他會很快就相信所有當權者都是腐敗又濫權的。不過就像被孱弱王子控制的男人一樣，他被詛咒要永遠處於人生的邊陲地帶，永遠不能為自己或自己的行動負責。

他的能量來自嫉妒。一個男人越沒有接觸自己真正的才華和能力，就越會嫉妒別人。如果我們深陷於嫉妒之中，就是在否認自己實際的偉大性，否認我們自己的神聖小孩。所以我們要做的，是接觸自己的特殊性、自身的美，還有自身的創造力。嫉妒堵塞了創造性。

否認神聖小孩、與神聖小孩沒有連結的不成熟男人或男孩，留下的真空就是由詐騙家這種原型衝進來補足。在我們被父母（或哥哥姊姊）貶低與攻擊，在情緒上受虐的時候，體內的詐騙家就會在發展過程中被激發。如果我們感覺不到自己真正的特殊性，就會受制於詐騙家、「萬事通」的力量之下，戳破別人自以為特殊的感受，甚至在沒有人需要這種教訓的時候也這麼做。萬事通詐騙家心中沒有英雄，因為有英雄就意謂著欽慕他人。只有在我們覺得自己有價值、對自己的創造性能量發展出安全感的時候，才能欽慕別人。

傻瓜

天真的「傻瓜」，是受制於早熟小孩功能失調陰影另一極端的男孩（或男人），就像孱弱王子一樣，缺乏個性、精力與創造力。他似乎缺乏反應又沉悶乏味。他似乎學不會九九乘法表、找零或看時間。他經常被貼上學習遲緩者的標籤。此外，他缺乏幽默感，常常看似錯過了笑話的重點。他也可能看似身體動作笨拙。他的協調性不佳，所以在球場上摸索著球，或者在第九局最後被三振的時候，他通常會變成別人嘲弄輕蔑的話柄。這男孩可能看起來很天真。他是（或者看似）社區裡最後一個知道基本知識的人。

然而，傻瓜的笨拙經常不是那麼誠實。他掌握到的事情可能比表現出來的還多，而傻呼呼的行為可能掩飾了一種隱藏的妄自尊大——他覺得自己太過重要（也太過脆弱），所以不能進入世界。因此，傻瓜與一種祕密的「萬事通」緊密地交織在一起，他也是一種詐騙家。

伊底帕斯情結之子

所有不成熟男性能量都以某種方式受到「母親」（Mother）過度的束縛，而且他們的撫育與成熟男性氣質的經驗都有所不足。

雖然受到伊底帕斯情結之子原型強烈影響的男孩，可能沒有足夠的撫育性男性氣質經驗，他卻能夠接觸這個原型積極的特質。他是熱情的，而且有一種驚奇感，能夠深刻地欣賞他與自己內心深處、他人，以及所有一切所建立的連結。他是溫暖的、與人有連結的、感情親切的。他也透過自己與「母親」連結的經驗（幾乎對所有人來說都是最原初的關係），表達我們所謂性靈（spirituality）的起源。他的神祕一體感，還有萬物彼此交流的感覺，來自他對於撫育力無盡、善良無盡、美麗也無盡的「母親」深刻的渴望。

這位「母親」不是他有血肉之軀的真正母親。對於他所需要的連結感、完美（或無限）的愛，還有撫育的需求，大半時候**她**注定要讓他失望。在他自己的母親、在世間事物包含的所有美與感受（希臘人稱之為愛慾〔eros〕）之外，他所感受到的那個「母親」，他在內在生命的深刻感情與意象中所體驗到的那一位，是「偉大母親」（Great Mother）——在許多民族與文化的神話和傳奇中，以許多形式展現的女神。

曾經有位年輕男子來做精神分析，一部分原因是他設法要解決他的母親心結，而他報告了一個值得注意的洞見，那是他自己的無意識交給他的。在他的精神分析療程進行到一半的時候，他去拜訪母親，他們又起了經常發生的爭執。他沒辦法讓她懂得他的論點。而他厭惡地脫口說道：「所有母親的神啊，充滿力量！」（God All-Mother, Mighty!）」這是我們所謂的佛洛伊德式失言。他本來要說的是「全能的天神啊，母親！」（God Almighty, Mother!）他跟母親吵到一半，因此突然停下來了。兩個人都很尷尬，緊張地笑了，因為兩個人都領悟到他這番失言的意義。從那一刻起，他開始把性靈意義上的「充滿力量的所有母親」，指向原型中的「偉大母親」，他內心很篤定地領悟到，這位「偉大母親」是他自己那位凡人母親的母親。他開始停止把他母親當成「偉大母親」來體驗，也開始能夠讓她和其他所有女性從沉重的負擔（成為他心目中神的化身）之中解放。不只是他跟女友和母親的關係有了改善，他的性靈面也開始明顯地深化。他開始把深刻的連結感轉化成性靈上的黃金。

媽寶

伊底帕斯情結之子的陰影，是由媽寶和夢想家所組成。如同我們都知道的，媽寶「黏著媽媽的圍裙不放」。他導致一個男孩幻想跟母親結婚，帶她遠離父親。如果沒有父親，或者有個軟弱的父親，這個所謂的伊底帕斯衝動會變得更強烈，而且伊底帕斯情結之子的兩極化陰影中具嚴重後果的這一面，可能會控制住他。

「伊底帕斯情結」這個詞彙來自佛洛伊德，他從希臘國王伊底帕斯的傳說中，看出這種不成熟男性能量形式的神話式陳述。這種故事是大家很熟悉的。

國王萊厄斯（Laius）與妻子約卡絲塔（Jocasta）生了一個男嬰，命名為伊底帕斯。因為有個預言說伊底帕斯長大後會殺死父親，萊厄斯便命人把這個特別的孩子帶到鄉間去，毫無遮蔽地放在一座山坡上，他們假定天候變化就會殺死他。然而一如所有「神聖男孩」的慣例，伊底帕斯被人救起。一個牧羊人發現了他，把他養大成人。

有一天，當伊底帕斯沿著一條鄉間道路行走時，一輛戰車差點撞倒他。他跟戰車車主大打出手，還殺死了那個人。他不知道戰車車主就是他父親萊厄斯。伊底帕斯後來去了底比斯（Thebes），在那裡得知王后在找一個新的丈夫。王后就是約卡絲塔，他的母親。伊底帕斯娶了她，取得他父親的王位。直到多年之後，蟲害降臨這個王國，可怕的真相被揭露，不合法的國王伊底帕斯才被推翻。這個故事潛藏的心理學真相是，伊底帕斯在無意識中自我膨脹了。他因為殺死自己的父親（神）又娶了自己的母親（女神），而被眾神打倒。因此，他是因為無意中自以為是神的自滿而被摧毀。從發展的觀點來看，對每個小孩來講，母親都是女神，父親則是男神。受到母親束縛太深的男孩會受到傷害。

還有一個關於阿多尼斯（Adonis）的故事，他變成了愛神阿芙蘿黛蒂（Aphrodite）的情人。一個凡人男孩占有一位女神是無可容忍的，所以阿多尼斯被一頭野豬給撂倒（其實是化身成動物形態的神——父親），因此喪命。

媽寶身上還有別的狀況。他通常會陷入這種困境：在不同的女人身上追求與「母親」聯姻的美麗、心酸與渴望。他永遠無法滿足於一個凡人女性，因為他尋求的是不朽的女神。在此我們看到的是唐璜（Don Juan）症候群。自我膨脹到超越凡人程度的伊底帕斯情結之子，無法忠於一個女人。

受制於媽寶力量之下的男孩，就是所謂的自體性慾者。他可能強迫性地自慰。他可能熱衷於色情，在幾乎無盡的女體形式中尋求女神。有些男人受制於伊底帕斯情結之子的媽寶幼稚力量影響，有廣泛的裸女圖片收藏，包括獨照或與男人做愛的照片。他尋求的是體驗他的男性氣質、陽具力量，還有他的育成能力。但他沒有肯定自己身為凡人男子的男性氣質，他真正追求的體驗，反而是遍歷所有女性神的陰莖——偉大陽具（Great Phallus）——或者更好的說法是，他想體驗到與母親女神無盡的女性形態結合。

受制於手淫與強迫性使用色情素材的媽寶，就像所有不成熟的能量，只想存在。他不想做實際跟一個凡人女性結合要做的事情，也不想處理親密關係裡會牽涉到的所有複雜感受。他不想負責任。

夢想家

伊底帕斯情結之子功能失調陰影的另一極端，是夢想家。夢想家把伊底帕斯情結之子的性靈衝動發揮到極限。被媽寶控制的男孩也展現出消極性的跡象，但他至少積極尋求「母親」。然而，夢想家卻導致一個男孩覺得孤立，而且斷絕了所有人類關係。對處於夢想家符咒之下的男孩來說，關係是他跟無形之物，還有內在的想像世界所建立的。因此，其他孩子在玩耍的時候，他可能坐在一顆石頭上，想著他的夢。他成就稀少，而且看起來退縮而沮喪。通常他的夢一方面是陰鬱的，另一方面又是極為快樂無憂而飄渺的。

被夢想家控制的男孩，就像被另一個陰影極端的某些部分占據的男孩一樣，不怎麼誠實，雖然他的不誠實通常是無意識的。他孤立、飄渺的行為，可能遮掩住伊底帕斯情結之子陰影的隱藏對立極端：媽寶。這個男孩以迂迴方式真正表現出來的，是沒能成功占據「母親」的惱怒。他設法占據「母親」的浮誇之情，就隱藏在夢想家的沮喪之下。

英雄

大家對於英雄原型有很多混淆的看法。一般的預設是，對於人生或一項任務採取英雄路線是最高貴的，但這只是部分為真。事實上，英雄只是男孩心態的一種進階形式——其實它是男孩的男性能量中最先進的巔峰形式，是描繪出青少年發展階段中最佳特徵的原型。然而，「英雄」是不成熟的，當它成為主控的原型而被帶進成人階段的時候，它會阻礙男人達到完全成熟。

如果我們把英雄想成耀武揚威之人（Grandstander）或惡霸（Bully），這個負面面向就會變得更清楚。

耀武揚威的惡霸

受制於惡霸力量的男孩（或男人），企圖讓別人留下深刻的印象。他設計的策略是用來宣告他的優越性，還有他有權利宰制周遭的人。他占據舞臺中心，視之為與生俱來的權力。如果他具備特殊地位的主張受到挑戰，就等著看他接下來的憤怒表現吧！他會用惡毒的口語辱罵，甚至身體虐待，來攻擊那些「嗅出」他自我膨脹並加以質疑的人。他那些針對別人的攻擊，目標是要拒不承認自己潛藏的懦弱與深層的不安全感。仍然受制於「英雄」這種負面面向的男人，不是團隊合作者。他是獨行俠。他是炙手可熱的年輕主管、推銷員、革命家、股市操盤手。他是在戰鬥中冒不必要風險的士兵，而如果他處於領導者的位置，也會如此要求手下。舉例來說，有許多從越南傳出來的故事，講的都是一個「英雄式」的年輕軍官，急於升遷，通常會要求手下冒生命危險做出英勇的表現。有些這樣的軍官，是因為他們誇大的英雄式態度而「掛掉」（被殺）的。

另一個例子是湯姆．克魯斯在電影《捍衛戰士》（*Top Gun*）裡扮演的角色。他是一位年輕的戰鬥機飛行員，非常積極進取，完全不聽別人的話，是一個有些事情要證明的年輕男子，一個愛表現的人；雖然他很有創意，卻讓他的飛機和導航員承擔極不安全的風險。他的同儕飛行員對他的一致反應是拒絕與厭惡。就連他最要好的朋友，雖然愛他也對他保持忠誠，最後都必須跟他攤牌，談他怎麼損傷了自己與團隊。

這部電影其實是關於一個男孩如何變成男人的故事。湯姆．克魯斯的角色意外地在一次緊張的空中戰鬥演習裡，導致他的領航員好友死亡，因此哀慟不已。而他在「第一高手」的競爭中敗給比較成熟的「冰人」。在這些事情之後，他才開始從青少年轉變成男人。「英雄」與成熟的「戰士」之間的差異，正是克魯斯的角色與冰人之間的差異。

被英雄陰影中「耀武揚威的惡霸」那一端把持的男人，對於自己的重要性與能力有誇大的看法。就像一位企業主管最近告訴我們的，他在公司裡跟那些年輕英雄直接衝突的時候，必須不時告訴他們：「你們這些男生很棒，但不像你們自以為的那麼棒。你們有一天會那麼棒，但現在還不是。」

英雄一開始認為自己是刀槍不入的，但只有「不可能的夢」才適合他，他可以在其中「對抗無法打敗的敵人」並且取勝。但如果這個夢真的是不可能的，如果敵手真的無法打敗，那麼英雄就有麻煩了。

事實上，我們經常看到這種事。刀槍不入的感覺，「耀武揚威的惡霸」的表現，還有所有這些不成熟男性能量形式中自以為是神的誇耀，讓處於陰影英雄影響下的男人暴露於自取滅亡的危險中。到頭來，他會搬石頭砸自己的腳。英雄式的巴頓（Patton）將軍，雖然有無窮的想像力、創造力，而且很能激勵軍隊（至少有時如此），卻因為他愛冒風險，不成熟地與英國將領蒙哥馬利（Montgomery）競爭，發表頗有見地卻魯莽如小男生的見解，而妨礙了自己。他之所以沒有得到一個配得上他真正才智的任務（舉例來說，成為聯軍入侵歐洲的總帥），卻被晾在一邊，正是因為他是英雄，不完全是戰士。

就像其他不成熟男性原型的例子一樣，英雄過度連結到「母親」。但英雄有克服她的強烈需要。他被鎖定在與陰性力量的生死爭鬥中，奮力要征服它，同時確立他的男性特質。在關於英雄與淑女的中世紀傳說裡，我們鮮少得知英雄殺死惡龍、娶了公主以後，到底發生什麼事。我們沒聽說他們的婚姻裡發生什麼事，因為做為原型的英雄，一旦贏得公主以後，並不知道要拿她怎麼辦。他不知道在事情回歸常態以後要怎麼做。

英雄的垮臺，在於他不知道也無法領會到自己的限制。在陰影英雄力量之下的男孩或男人，無法真正領悟到他是個壽命有限的凡人。否認死亡（人類生命的終極限制），是他的專長。

在這種關聯上，我們可能會想到西方文化的英雄式本質。這種本質的主要任務，似乎就像一般人常說的，是「征服」自然，去利用並操縱自然。對於這樣輕率不成熟的計畫，汙染與環境災難是日益明顯的懲罰。醫學領域在一種通常未曾言明的假設上運作：疾病與最終的死亡本身，是可以被殲滅的。我們現代的世界觀，在面對人類的限制時有嚴重的困難。在沒有面對自己真正的限制時，我們是自我膨脹的，而且我們的自誇遲早會被清算。

懦夫

被英雄兩極化陰影的另一端「懦夫」控制的男孩，顯得極端不願意在肢體衝突中為自己挺身而出。他通常會逃離一場爭鬥，或許會聲稱離開是更「有男子氣概」的行為，以此來為自己開脫。儘管有這種藉口，他還是會覺得自己很悲慘。然而，他迴避的不只是肢體打鬥。他也會傾向於容許自己受到情緒與知性上的霸凌。在別人苛求或強力逼迫的時候，那種受制於懦夫之力，且無法對自己有英雄式感覺的男孩就會認輸。他會輕易地默許其他人施壓；他會覺得被入侵、被碾壓，自覺像一塊門口的腳踏墊。然而，在他受夠這種事的時候，體內「耀武揚威的惡霸」潛藏的浮誇感受就會爆發，並且對「敵人」發動猛烈的口頭或肢體攻擊，其他人對此將毫無防備。

不過，在描述耀武揚威之人、懦夫的負面或陰影面向之後，我們還是必須自問，為什麼英雄會出現在我們的精神之中。為什麼「英雄」是男人個人發展史中的一部分？它在演化適應上的作用是什麼？

英雄所做的是調動男孩脆弱的自我結構，讓他在男孩時期的尾聲，能夠與「母親」斷開，面對人生開始指派給他的困難任務。英雄能量召喚著男孩的男性氣質儲備資源，在他成熟時，這種儲備資源會變得更精煉，以便建立他的獨立性與能耐，讓他能夠體驗到自己剛萌芽的能力，「超越既有限制」，並且測試自己，去對抗世間難以應付甚至有敵意的力量。英雄讓他能夠建立一個對抗無意識壓倒性力量的灘頭堡（這種力量有許多體驗起來是陰性的、屬於母親的力量，至少對男性來說如此）。英雄讓男孩可以開始確立自己，並且定義自己是跟其他所有人都不一樣的，所以到最後，身為一個獨特的存在，他可以完整而有創意地與其他人連結。

英雄把男孩扔出去對抗限制，對抗看似棘手的事物。這會鼓勵他去做不可能的夢；如果他有足夠的勇氣，或許到頭來還是有可能實現的。這樣也讓他有能力對抗無法打敗的敵人；如果他沒有被英雄**控制**，也許就能夠擊敗敵人。

在此，我們還是這個立場：治療師太常在知情或不知情的狀況下，攻擊男人內在英雄的「發光發熱」，更不用說親戚、朋友、同事，還有權威人物也都是如此。我們的時代不是一個想要英雄的時代。我們的時代是嫉妒的時代，懶散與沉浸於自我才是王道。任何設法發光、膽敢站得比群眾更高的人，都會被毫無生氣的自封「同儕」給拉下馬來。

在我們的世界裡，需要英雄情懷的偉大重生。人類社會的每個部門，無論是這顆星球的哪個部分，似乎都滑入了一種無意識的混亂中。只有英雄式的意識行使它的全副力量，才能夠制止這種朝向遺忘的滑移。只有男女雙方的勇氣大規模的重生，才能拯救這個世界。為了對抗極大的不利，英雄拾起他的劍，衝進深淵的核心，直搗惡龍之口，闖入受制於邪惡咒語力量下的城堡裡。

英雄的盡頭是什麼？結果幾乎普世一致。在傳說與神話裡，他「死了」，被轉化成神，被轉送到天國。我們回想起那些故事：耶穌的復活與升天，或者伊底帕斯最後在科隆納斯（Colonus）消失於一陣閃電中，或者以利亞（Elijah）乘著烈火戰車升入空中。

英雄的「死亡」，是男孩氣質、男孩心態的「死亡」。而且這是男人氣質與男人心態的誕生。英雄的「死亡」在一個男孩（或男人）的生命中真正的意義，是他終於遭遇了限制。他碰上了敵人，而敵人就是自己。他遇見了自己的黑暗面，那非常不英雄的一面。他曾經對抗惡龍，並且被龍灼傷；他曾經為革命而戰，然後吞下自身不人道面向的渣滓。他曾經征服「母親」，然後領悟到他沒有能力愛公主。英雄的「死亡」標示出一個男孩或男人碰上了真正的謙卑。這就是他的英雄意識的盡頭。

我們相信，真正的謙卑是由兩種事物組成。第一個是知道我們的限制。而第二個是得到我們需要的幫助。

如果我們被英雄控制，就會落入這種能量的負面面向，而且（就像湯姆．克魯斯的角色）表現出「耀武揚威的惡霸」那種自我膨脹的感受與行動。我們會在不敏感與傲慢中踐踏他人，到最後會自我毀滅、被他人奚落，而且被排除在外。如果我們在英雄兩極化陰影中負面的一端，被懦夫控制，就會缺乏動機去達成對人類生命來說有重要性的任何事。但如果我們適當地連結英雄能量，會逼自己對抗自己的限制。我們會冒險前進到身為男孩能達到的邊疆，而如果我們能達成這個過渡，就會從這裡準備好進入成年男人的時期。

4

男人心態

人類要發展出全副潛力是極為困難的。我們與內在幼稚面向之間的鬥爭，施加了一種巨大的「重力式」拉力，對抗著達到完整成人潛能的力量。雖然如此，我們需要靠著辛勤勞動的力量來對抗重力，並且先建立男孩時期的金字塔，再建立男人時期的金字塔，這些金字塔構成了男性自我的核心結構。古代馬雅人鮮少摧毀城市裡過去建造的建築物。就像他們一樣，我們並不想夷平男孩時期的金字塔，因為這些金字塔過去是、將來也一直會是發電機，並且是我們原始過往的能量資源出入的門戶。但我們有需要著手工作，在那些老露臺與樓梯上用石頭打造路徑。我們需要一磚一瓦地建立成熟男性氣質的目標，直到最後我們能夠站在頂端的高臺上，以「四方之主」（Lord of the Four Quarters）的身分，眺望我們的領土。

在這個建築計畫中，有幾種技術是我們可以使用的。夢的分析、夢境的重新進入與改變、積極想像（在其中自我還會與內在的能量模式對話，同時做到有別於這些模式，又能連結這些模式）、各種形式的心理治療、對於原型積極面向的冥想、祈禱、與性靈上的長者進行魔法儀式過程、各種形式的性靈修養及其他方法等，對於從男孩變成男人的困難過程來說，全都很重要。

我們先前已經指出有四種主要成熟男性能量形式：國王、戰士、魔法師與愛人。這些形式全都互有重疊之處，而且在理想狀態下會豐富彼此。一個好「國王」同時也會是戰士、魔法師兼愛人。而對於其他三種形式來說，情況也一樣。

如同我們先前看到的，男孩能量也彼此重疊並互通訊息。神聖小孩自然地觸發伊底帕斯情結之子。兩者聯合後，形成了某種事物的核心，不管那是什麼，都將會變得美麗、精力旺盛、與人有連結、溫暖、關愛、有靈性。男孩的自我需要早熟小孩的覺察力，來幫助它跟那些能量區隔開來。而這三者全都會導致英雄出現，英雄讓它們掙脫「女性」無意識的宰制，並且建立男孩做為分離個體的身分。英雄讓男孩準備好變成男人。

原型是神祕的實體或能量流。它們被比擬成一張紙下面的磁鐵。鐵屑被灑在紙張上方以後，立刻會沿著磁力線形成圖樣，不過我們看不到紙張下面的磁鐵，或更好的說法是，我們永遠無法看到磁力本身，只看得到它存在的可見證據。原型也是一樣。它們一直是隱藏起來的。不過，我們能在藝術、詩歌、音樂、宗教與科學發現之中，在我們的行為、思想與感受模式之中，體驗到它們的影響。人類創造力以及人類互動的所有產物，就像是鐵屑。我們可以透過這些表現，看出原型的某些形狀與模式。但我們永遠無法看到「能量」本身。它們彼此重疊、互相滲透，然而為了澄清事實，它們是可以彼此區別開來的。透過積極的想像，這些原型可以被混合，好讓我們能夠透過它們對我們生活的影響，實現我們想要的平衡。

珍．希諾達．博倫（Jean Shinoda Bolan）有個很有效的建議：我們把這個過程拆解並隔離出種種原型，然後加以混合重組，就像是一個運作良好的董事會。在會中，主席要求每位高階職員對手邊的問題誠實說出自己的看法。一個好的主席，總是想要得到董事會每個組成分子提出的全部資訊，還有為何如此提議的解釋。某些意見會不受歡迎，某些意見看起來會蠢到極點。有些董事會成員可能習慣性地看似不以為然，又有破壞性；其他成員可能經常想到很棒的主意。通常董事會遵循的是後者的建議，雖然有時候真理之言其實是由滿腹牢騷且態度負面的成員提出的。不過在聽取所有意見、充分討論事務之後，主席會要求投票，然後做成決定。通常主席必須投下決定性的一票。

我們的「自我」就像董事會主席，董事會成員則是我們內在的原型。每個原型的意見都需要被聽取；每個原型都需要站在自己的立場，提供自己的見解。不過在「自我」監督下的完整個人，需要在我們的人生中做出最後的決定。

男人心態，如同我們已經指出過的，在這顆星球上或許一直很罕見，現在則肯定很罕見。許多地方的大多數人類，在大部分時候都生活在恐怖的身心環境下，這很讓人震驚。有敵意的環境總是會導致一個生物發育遲緩、扭曲並且突變。**為什麼**竟是如此？這個問題是造就出哲學與神學的原料。就讓我們坦白承認，我們的處境有巨大的困難吧。只有在我們容許自己看到問題的嚴重性，並且承認我們在對抗的是什麼以後，才能開始採取恰當的、會豐富我們與他人生命的行動。

在心理學中有個說法是，我們必須為自己沒有責任的事情負起責任。這表示對於發生在我們身上，讓我們發育遲緩、固著於人格形成的早年，以及困在男性氣質不成熟階段等的種種事情，我們並沒有責任（就像沒有一個嬰兒需要負責）。然而，加入《西城故事》裡不良少年的大合唱，對社會辯護自己的狀況，然後就此停滯不前，對我們並沒有好處。

我們的年代是心理學年代，而不是制度性年代。過去在習慣上藉著制度性結構、透過儀式過程為我們做到的事情，現在必須從我們的內在來替自己做到。我們的文化是個人的文化，而非集體的文化。

西方文明催促我們自己出擊，像榮格所說的那樣，從彼此之間分離出來，「變成個體」。過去每個人或多或少無意識共享的事物（像是發展成熟男性身分認同的過程），現在卻必須有意識地靠個人去做出連結。現在，我們就要轉向這項任務了。

Part II

解讀男性心靈

——成熟男性氣質的四種原型

1

國王

國王能量在所有男性中都是最原初的。這個原型跟其他三個成熟男性氣質潛能之間的關係，就跟神聖小孩和其他三種不成熟男性氣質能量之間的關係相同。它的重要性排名第一，而且在完美的平衡中支持並包含其他原型。善良而具有育成力的國王，也是一位好戰士、一位正面的魔法師，也是很棒的愛人。然而，對大多數人而言，國王卻是最後一個出現的。我們可以說國王就是神聖小孩，但有豐富經驗且複雜、有智慧；在某種意義上說，神聖小孩有多麼**自我中心**到無以復加，國王就有多**無私**。好國王很明智，有「所羅門王（Solomon）的智慧」。

神聖小孩，特別是他身為「高腳椅上的暴君」的那個面向，會幼稚地自命為神，國王原型卻幾乎是每個男人內在的男性形式神。這個原型就是最原初的男人亞當，哲學家稱之為每個人之中的 Anthropos（最原初之人）。印度教徒把男人中的這種原初男性氣質，稱為「大我」（Atman）；猶太教徒與基督徒稱之為「上主的形象」（imago Dei）。佛洛伊德談到國王是「原始部落的原始父親」（primal father of the primal horde）。而在許多方面，國王能量就是父親能量。然而我們的經驗是，雖然國王位於父親原型之下，卻比父親更廣泛也更基礎。

歷史上來說，國王一直都是神聖的。然而，身為凡人的他們相對來說不重要。重要的是王權或國王能量本身。我們全都知道當一位國王死去、另一位等著登上王座時，那句著名的呼喊：「國王死了；國王萬歲！」體現了國王能量。為了服務他的人類同胞、為了服務某個領域（不論是哪個維度）、為了服務宇宙而擔起這種能量的那個凡人，幾乎是一個可以交換的零件、一種人類載具，用來把這個命令與育成的原型帶進這個世界，還有人類的生命之中。

就像詹姆斯．弗雷澤（James Frazer）爵士與其他人曾經觀察到的，古代世界裡的國王常常在體現國王原型的能力開始衰退的時候，儀式性地被殺害。重要的是，這種能量的育成力，並不是繫於一個年邁又逐漸失能的凡人命運之上。隨著新國王的崛起，國王能量重新被體現，做為原型的國王在這個領域的人民生活中得到更新。事實上，整個世界都被更新了。

這個模式（儀式性的殺害與復活），就是基督教的救世主，基督死亡與復活故事背後的模式。男人受到這種能量**控制**的危險之處，在於他們也會實現這種古老模式，英年早逝。

在〈3男孩心態〉中，我們說過男孩時期原型的「死亡」，尤其是英雄的死亡，就是男人的誕生，男孩心態的盡頭，就是男人心態的開端。那麼，當英雄（青少年時期的男孩）「被殺」的時候，發生了什麼事呢？

有個年輕男子正處於從男孩過度到男人的關鍵時期，他的夢描繪出英雄之死的這一刻，並且顯示最終他的嶄新男性成熟氣質可能採取什麼形式。這個夢顯示出國王能量上線的過程，但在接下來好幾年裡，這種能量都還不會完全被實現。夢境內容如下：

> 我是古代中國的傭兵。我搞出一大堆麻煩，傷害了很多人，為了自己的利益和好處，擾亂了帝國的秩序。我是某種法外之徒，拿錢打仗

的人。

我被中國皇帝的軍隊追著穿越鄉間、穿過一座森林。我們全都穿著某種盔甲，帶著弓箭，可能還佩了劍。我奔跑著穿越樹林，看到地上有個洞，是某個洞窟的入口，所以我衝進去躲藏。一進到洞穴，我就看出那是一條長長的隧道。我沿著隧道奔跑。中國軍隊看著我跑進洞穴，也跟著我跑進去。

在隧道盡頭，我看到遠處有一道淡藍色的光從上方流洩下來，上面可能是一塊岩石中的開口處。在我靠得更近時，我看出光線是落入一間石室裡，那是地下石室，裡面有非常翠綠的花園。站在花園中央的是中國皇帝本人，穿著他精緻的紅金兩色長袍。我沒有地方可去。軍隊從後面逼近我。我被迫出現在皇帝本人面前。

我沒有別的做法了，只能在他面前跪下，臣服於他。我覺得極為謙卑，就好像我人生的一個階段結束了。他以一種父親般的憐憫俯視著我。他完全不生我的氣。我從他身上得到的感覺是，他早就看慣這一切，也活過了一切人生的冒險，包括貧窮、富裕、女色、戰爭、宮廷鬥爭、背叛他人與被他人背叛、苦難與歡樂等，人類生活中的所有一切。出於這種長年陶冶出的，非常古老、非常有經驗的智慧，他現在以憐憫之心對待我。

他非常溫柔地說道：「你必須死。你會在三個小時內被處決。」我知道他是對的。我們之間有種羈絆。這就好像他以前曾經處於跟我一模一樣的立場；他知道這類的事情。我帶著極大的平靜甚至幸福感，臣服於我的命運。

在這個夢中，我們看到這名傭兵英雄式的男孩自我，終於碰上了他的限制，就在國王面前，面對他必然的命運。發生在這男孩身上的事情是，他與內在的原初國王進入了正確的關係裡，而且就像喬瑟夫・坎伯（Joseph Campbell）的說法一樣，他與「父親」和解了。

知名的精神治療師約翰・W・派瑞（John W. Perry），藉著重新組織思覺失調症患者在夢境與幻覺中的人格，發現了國王的療癒力量。在精神病發作期間，以及其他中介（liminal）心理狀態下，神聖國王的影響會從病患的無意識深處湧出。在他談及此事的《神話與瘋狂中的復興根源》（*Roots of Renewal in Myth and Madness*）一書中，描述到一位年輕男性病患，他一直畫著希臘式柱子的圖畫，然後把這些柱子連結到一個他稱為「白國王」的人物。其他的病例報告裡，講到一位病患看到了「海洋女王」，還有這位病人以海洋女王身分與偉大國王舉行盛大的婚禮，或者看到教宗突然間介入，拯救了這個幻視者。

派瑞領悟到，病患在描述的景象，正好就對應了關於神聖國王的古代神話與儀式中出現的圖像。而他發現，從病患接觸到這些國王能量的程度來看，他們好轉了。國王有某些特質，他在古代，還有在那些受苦病患的夢境與幻覺之中，是非常能夠組織、建立秩序，並且能夠有創意地療癒。派瑞在他們的幻覺中，看到偉大國王對抗混亂力量與惡魔攻擊的古代神話戰役，然後是勝利的國王在世界中心光榮即位。派瑞領悟到，國王就是他所謂的「中心原型」（the central archetype），心靈的其餘部分是圍繞著這些中心原型而組織起來的。他看出病患在這些時刻「降低了意識的層次」，此刻他們有意識的身分與強大無意識世界之間的藩籬倒下了，國王有創造力、育成力又能豐富生命的意象則興起了。人則從瘋狂狀態轉向更健康的狀態。

發生在派瑞的病患身上的事，平行對應了年輕男子在中國皇帝之夢中的狀況。孩子氣的自我放手了，落入無意識中，然後遇見國王。在男人心態上線，重新組織並重建人格結構的時候，男孩心態就消失了。

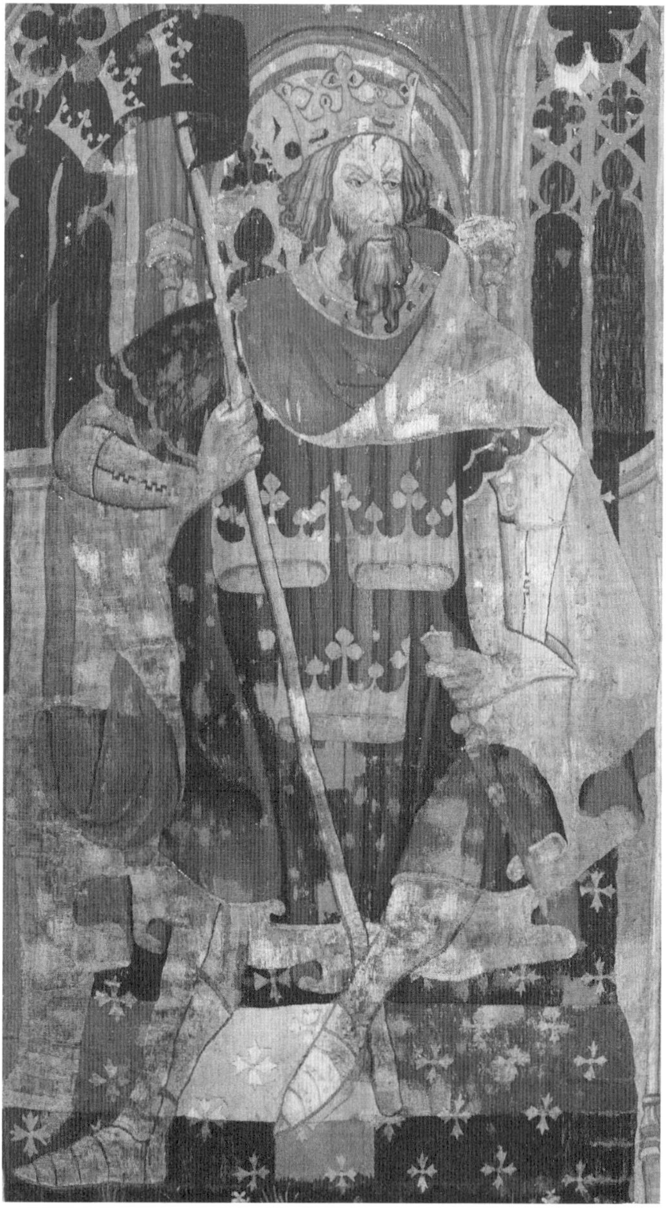

亞瑟王

出處：By Unknown - International Studio Volume 76, via http:/www.bestoflegends.org/kingarthur/, Public Domain, https://commons.wikimedia.org/w/index.php?curid=4366920

完整國王的兩種功能

國王能量的兩種功能，讓男孩心態有可能過渡到男人心態。第一個功能是建立秩序；第二個是提供繁殖力與祝福。

如同派瑞所說，國王是「中心原型」。就像神聖小孩，好的「國王」是在「世界中心」。他坐在位於中央山脈或原始山丘（Primeval Hill，這是古埃及人的說法）的王座上。而所有創造物從這個中央地區以幾何形式輻射出去，到達整個領土的邊疆。「世界」被定義成國王組織並指揮的那一部分現實。處於他影響邊界之外的事物是非創造物、混亂、惡魔般的事物，而且不屬於世界。

國王能量的這種功能，展現在古代神話與實際歷史的古代詮釋中。在古埃及神話中，就像詹姆斯．布雷斯特德（James Breasted）與亨利．法蘭克福（Henri Frankfort）曾經展示過的，世界是從一片廣大海洋的無形與混沌之中，以一座中央山丘或土堆的形式出現的。它是在敕令之下，在父神普塔（Ptah）——智慧與秩序之神——的神聖「話語」之下開始存在的。在《聖經》裡，雅威（Yahweh）也用完全一樣的方式來創造。事實上，「文字／道」（Words）定義了我們的現實，定義了我們的世界。我們透過概念、透過對概念的思維，來組織人生和世界，而且我們只能藉著文字來思考。至少在這種意義上，文字造就出我們的現實，讓我們的宇宙成真。

隨著土地被創造出來，原始山丘也延展開來，接著從那中央秩序之中，所有生命、所有男神女神、人類及其全部文化成就，都興起了。而隨著法老，也就是眾神繼承者的降臨，這個由神聖君王定義的世界，從原始山丘的法老王座往四面八方拓展開來。這是埃及人對於自身文明誕生所提出的說明。

在古代的美索不達米亞，當地文明最偉大的奠基君主之一，阿卡德的薩爾貢，開拓出一個王國，建立了一個文明，並且自稱為「統治四方之人」。在古代思維中，不但世界是從一個中心輻射出去的，還組織成四個幾何方位。它是一個圓，由一個十字均分。埃及金字塔本身就是中央土堆的形象，是朝著羅盤的四個端點方向延伸，朝向「四方」。古代地圖也是以這種觀念來製圖。而所有古代地中海文明，還有中國與其他亞洲文明，都有相同的觀點。就算從美國原住民的觀點來看——據推測，他們應該跟其他大陸與其他文明沒有接觸——也是一樣的。蘇族巫醫黑麋鹿（Black Elk），在約翰·內哈特（John Neihardt）的《黑麋鹿如是說》（*Black Elk Speaks*）裡談到世界是個巨大的「環」，由彼此交叉的「紅路」與「黑路」這兩條路徑來劃分。它們交叉的地方，是世界的中央山脈。偉大的父神（國王能量）是在那座山上開口說話，並且給黑麋鹿一連串為了他的族人而做的啟示。

古代民族在許多地方安置「中心」，像是西奈山、耶路撒冷、希拉波利斯（Hierapolis）、奧林帕斯（Olympus）、羅馬、特諾奇提特蘭（Tenochitlàn）。但永遠是一個正方形宇宙，一個有序幾何形狀宇宙的中心。那個宇宙的中心永遠是國王——神與人——統御的地方，而且是神聖啟示、神聖組織力與創造力的所在地。

對我們來說，國王能量具有建立秩序功能的這個觀點，真正有趣的地方在於它不只會出現在古代地圖、沙漠印地安人的沙畫、佛教藝術畫像，以及基督教教堂的玫瑰窗上，也同樣持續地出現在經歷精神分析的現代人的夢境與繪畫裡。榮格注意到這一點之後，從藏傳佛教借來名詞稱呼這種表徵，稱呼這些組織出「中心」的畫為「曼陀羅」（mandalas）。榮格注意到，當他的精神分析對象在夢中與幻覺中出現曼陀羅時，它們總是有療癒力，並且賦予了生命。它們總是表示更新，而且就像約翰・W・派瑞的國王圖像一樣，它們顯示出人格以更有中心的方式被重組了，變得更有結構，也更冷靜。

透過一位身為血肉之軀的國王，國王能量的這個功能，為這片領土中的人民體現神聖世界的秩序原則。人類君王藉著編纂法律來做到這件事。他制定法律，或者更精確地說，他從國王能量本身接收到這些法律，然後在國家裡施行這些法律。

在芝加哥的東方研究所博物館（Oriental Institute Museum）裡，有個古巴比倫國王漢摩拉比（Hammurabi，西元前一七二八～一六八六）律法大柱的原尺寸複製品。這些「柱子」其實是做成一個巨大食指往上指的形狀，大致上意思是：「聽著！就是這樣！世事就會如此進行！」而在這個巨大手指的指甲上是一幅畫，畫中漢摩拉比站著思索，搔抓著他的長鬚，同時聆聽偉大的父神沙瑪許（Shamash），也就是太陽、眾神之王、男性意識最高級的光之象徵。沙瑪許正在傳授漢摩拉比那些被銘刻在下方、環繞著手指四周的律法。手指本身，就是古代人在指稱神意時所說的「神的指頭」（the finger of God）[1]。這幅漢摩拉比接收法律的圖像，是在表達一種（一再重現的）原初或原型事件：國王能量給予神的人類僕人（凡人國王）那把通往和平、平靜與秩序的鑰匙。不受時間影響的同類事件，在聖經故事裡也有描述：摩西在西奈山這個原始山丘上，從雅威那裡得到《摩西五經》。

這個神祕的秩序，表現在王國之內，甚至在王國的宮殿與廟宇（通常被呈現為宇宙具體而微的表徵）之中，也在人類法律與所有社會秩序之中

（習慣、傳統、明言或默認的禁忌），是創造神有序思維的表現。在古埃及神話中，這個秩序有時被視為父神普塔，有時則被當成名叫「瑪雅特」（Ma'at，意思是「正確秩序」）的女神。我們看到這個在早期希伯來思想中發揚的觀念，出現在《聖經・箴言書》的智慧人物中，甚至出現在希臘與後來的基督教觀念中，把基督視為理法（Logos），也就是《約翰福音書》裡講到的那種有秩序、有育成力與創造力的「道」（Word）。在印度教，這種原型式的「正確秩序」被稱為「法」（Dharma）。在中國，這被稱為「道」（Way）。

凡人國王的責任，不只在於接收這種宇宙正確秩序並帶給他的人民，把這套秩序打造成可用於社會的形式，甚至更基本的是，要把這套秩序體現在自己身上，以他的人生來活出這套秩序。凡人國王的首要責任是按照瑪雅特、法或道來生活。按照神話學，如果他這麼做了，王國內的一切，也就是一切受造物、這個世界，都會根據正確秩序運行。王國將會繁榮昌盛。如果國王並沒有「循道」而活，那麼他的人民就會諸事不順，或者整個王國都會國運不佳。國土將會凋萎，國王所代表的中央也會支撐不住，王國發生叛亂的時機就成熟了。

古埃及歷史上的中王國時期發生了這種狀況，而我們發現預言家尼弗洛夫（Nefer-rohu）描述了不合法國王統治埃及所造成的災難性社會與經濟後果，這些國王沒有按照瑪雅特來過生活。（這讓人想到，在伊底帕斯褻瀆神明的統治之下，底比斯土地上的農作物枯萎了。）尼弗洛夫寫道：

> 瑞（Re，創造之神的另一個形式）[2]必須（再度重新）開始建立（土地的）基礎。土地完全毀滅了……太陽被遮掩……它不會照耀……埃及的河流枯乾……那些美好的事物，有魚的池塘、（曾經）有人清除魚內臟的地方、魚類與禽鳥豐富之處，確實都受到損害了。一切美好事物都消失了……仇敵從東方崛起，亞洲人也來到埃及……沙漠的野獸會在埃及的河流中飲水……這片土地一片匆忙混亂……男人會拿起戰爭武器，（所以）這片土地生活在混亂中。男人會製造金屬箭

> 矢，乞求鮮血做成的麵包，發出病態的笑聲……（一個）男人的心追逐著自己（一個人）……一個男人坐在自己的角落裡，在有人殘殺別人的時候轉過身去不看。我讓汝看見一個翻臉成仇的兒子，成為敵手的兄弟，還有一個殺死（自己）父親的男人。

然後，尼弗洛夫預言一位體現正確秩序的新國王會崛起。這位國王會復興埃及，並且讓宇宙回到正軌：

> （然後）一位國王將會降臨，他屬於南方，他的名字是阿門尼（Ameni），勝利者。他是努比亞（Nubia）土地上的一位婦女之子；他出生在上埃及。他會拿起（白色的）王冠；他會戴上紅色的王冠；他會聯合兩大力量（Two Mighty Ones）；他會滿足兩位上主（Two Lords）的欲求。土地包圍者（將會）處於他的掌握之中……歡呼吧，汝等與他同時代的人！一個男人的兒子，將會讓他的名字永垂不朽。有心為惡以及陰謀叛亂之人，因為害怕他而克制自己的言論。亞洲人

> 會倒在他的劍下，利比亞人會落入他的火焰裡……將會有一堵生命、繁榮、健康的統治者之牆被建立起來！而且不容亞洲人南進埃及……而且正義會就位，倒行逆施則被驅逐。歡呼吧，能見到（這）一日的人！*

同樣的，中國皇帝是受到「天命」（Mandate of Heaven）所支配的。在此處，「天」的意義又是「正確秩序」。而當這些皇帝沒能順應天意、循正道生活時，就會出現叛亂，新的王朝會被建立起來。「國王已死；國王萬歲！」

凡人國王在國王成熟的男性氣質能量下運作時，首先要在自己的生命中依循秩序而活；其次才是推行這種秩序。他在自己的領土中，還有在王國外圍，世界與邊陲混亂之間的接觸點這兩方面，都是這麼做。在此我們

* 原書注：引自 James B. Prichard, ed., *The Ancient Near East: An Anthology of Texts and Pictures* (Princeton: Princeton Univ. Press, 1958), pp. 254-257。

把國王看成戰士，他延伸並捍衛秩序，對抗「亞洲人」與「利比亞人」。

在歷史上，凡人國王以國王原型的僕人與凡間體現者的身分，維持著性靈世界或深沉永恆的無意識世界的秩序。在此，我們看到巴比倫神祇馬爾杜克（Marduk）對抗混亂的勢力——那化成龍形的提阿瑪特（Tiamat），然後打敗她的惡魔軍隊，殺死了她，接著從她的身體上創造出有秩序的世界。或者我們看看迦南的巴力（Baal），殺死了帶來混亂與死亡的雙生怪物，亞姆（Yamm）與莫特（Mot）。我們也在《聖經》所謂的「登基詩」（enthronement psalms）裡，看到國王能量的這種功能，在其中，雅威（希伯來的神耶和華），打敗了惡龍貝西摩斯（Behemoth），或提霍（Tehom），然後登上王座來號令並創造世界。

一個更即時性的注解是，我們在現代功能失調的家庭中看到，要是家中有一位不成熟、軟弱或缺席的父親，出現的國王能量不夠充分，家庭常常都會落入混亂與混沌之中。

結合國王所擁有的建立秩序功能，國王能量展現的第二個重大好處，是繁殖力與祝福。古代民族總是把繁殖力，包括人類、農作物、牲口，還有整體自然界的繁殖力，與眾神對事物的創造性秩序，聯想在一起。在前父權時期，地球「母親」似乎被視為繁殖力的主要來源。不過在父權文化躍居優勢的時候，對於繁殖力源頭的強調，就從女性轉移到男性去了。這並不是一個很簡單的轉移，而這種強調也從來沒有完全轉換到另一方。古代神話忠於真實的生物學，認定是男性與女性的結合才是真正有育成力的，至少在肉體層面上是如此。然而，在文化層面上，在文明與科技的創造中，還有在對自然世界的支配中，男性的育成能量是最顯著的。

古代的神聖國王對於許多民族來說，變成宇宙的生命力——欲力（libido）——的主要表達方式。今日，猶太教、基督教與穆斯林的上帝，從來沒被認為是與某位女神處於共同創造的夥伴關係之中。祂被視為男性，而且是創造與育成力的唯一來源。祂是繁殖與祝福的唯一來源。許多現代信仰，是來自於古代父權體制的信念。

神聖國王提供繁殖力與祝福的功能，在許多神話與偉大君王的故事裡表現出來。在性靈世界裡，我們看到偉大的父神與許多女神、較低階的神祇和凡人女性發生性關係。埃及的阿蒙－拉（Amun-Ra）在天空中有祂的後宮，宙斯的風流韻事則是眾所周知的。

但不只有同時製造出神聖與凡人小孩的性行為，顯示出國王能量的繁殖能耐。這種育成能力也是他的創造性秩序本身的結果。舉例來說，迦南的巴力神在打敗混亂之海的龍以後，因為祂愛土地，下令混亂之海的水變成降雨、河流和小溪。這個號令行為，讓植物第一次有機會欣欣向榮，然後動物也能跟著成長。這也讓巴力神特別眷顧的人類，有可能得到農業與放牧的收穫。

在埃及的〈阿頓之頌〉（Hymn to Aton，阿頓就是太陽）中，是阿頓號令世界，好讓世界能夠繁榮而有繁殖力。祂把尼羅河放在埃及，好讓鳥兒能夠從牠們在蘆葦中的巢穴裡飛起，歡樂地為阿頓賦予牠們的生命而唱，還讓牲口能夠成長、小牛能夠快樂滿足地揮舞尾巴。阿頓為其他民族放了一個「天空中的尼羅河」，好讓他們也能夠經歷到生命的豐盛。阿頓安排世界，讓每個種族和每種語言都會以各自的方式，按照阿頓的設計，擁有生命的祝福與富饒。

凡人國王怎麼發展，整個領土也跟著效法，在秩序與繁殖力兩方面都是如此。如果國王精力充沛又好色，可以滿足他的許多妻妾並產出許多孩子，土地就會生氣蓬勃。如果他在身體上保持健康強壯，心智上保持警醒活潑，那麼農作物就會成長，牲口會繁衍，商人會生意興隆，人民也會生出許多小孩。天會下雨，而在埃及，就是每年都會有讓土地肥沃的尼羅河洪水。

在《聖經》裡，我們看到同樣的觀念表現在希伯來國王與族長的故事裡。雅威對他們有兩個要求：首先，他們要走祂的路，等於是希伯來式的「道」；其次，他們「要生養眾多」，要有許多妻妾子女。我們從族長亞伯拉罕（Abraham）、以撒（Isaac）與雅各的例子裡可以看到，如果一位妻子無法生育，她就會替丈夫找另一位妻子或小妾，好讓他能夠繼續其繁殖功能。

我們看到大衛王占有國內的許多女人，然後與她們生下孩子。重點在於這些男人身體上與心理上都很興盛成功，他們的部族與領土也是如此。按照神話，凡人國王是國王能量的體現。土地（他的王國）就是女性能量的體現。事實上，他是象徵性地與土地締結婚姻了。

國王最終極的建立秩序／生產行為，永遠都是與代表著主要王后的土地聯姻。只有在與她（土地）的創造性夥伴關係裡，他才能夠為王國確保每一種豐盛。王室夫婦的責任是要把他們的創造性能量，以孩子的形式傳遞到王國內。王國會反映王室的育成力；讓我們回想一下，這種育成力位於「中心」。中心處於什麼狀態，其餘創造物就處於什麼狀態。

當一位國王變得生病、虛弱或無能的時候，王國就會衰弱。天不下雨，農作物不生長，牲口不繁殖。商人失去生意，乾旱會襲擊大地，人民會死去。

所以國王是神聖世界（國王能量的世界）通往此世的世俗管道。他是凡俗與神聖之間的中介者，就像站在沙瑪許面前的漢摩拉比。我們可以說，他是中央動脈，容許生命力的血液流入人類世界。因為他位於中心，在某種意義上王國內的一切都是他的（因為整個王國的存在都要歸功於他），包括所有的莊稼、牲口、人民、婦女。然而，只是理論上如此。凡人國王大衛在他與美女拔示巴（Bathsheba）的私通中，衝撞了這個原則。但這推動我們進入關於陰影國王的討論，我們很快就會談到這個主題。

不只是直接身體意義上的繁殖力，或者普遍意義上的育成力與創造力，都透過古代國王的效力從國王能量的第二功能中出現，祝福也是如此。祝福是一種心理上或性靈上的事件。好國王總是會反映並肯定其他值得被祝福的人。他做到這一點的方式，是看見他們：如字面意義上看見來到宮殿覲見他的人，也在心裡意義上注意他們、知道他們的真正價值所在。好國王樂於注意好人，提拔他們到王國中有重大責任的位置上。他接見覲見者，主要不是為了被看見（雖然這有一定程度的重要性：他承載著人民自身投射過來的內在國王能量），而是為了去看、去欣賞他的子民，為他們感到高興，回饋他們，並且把榮譽賞賜給他們。

有一幅美麗的古埃及繪畫，畫的是法老阿肯那頓（Akhenaton）站在他的王宮陽臺上，被他的父神（太陽神阿頓）的萬丈光芒擁抱著；阿頓朝著祂最好的追隨者、最有能力又最忠誠的人馬，撒下一個個金環。在男性太陽意識的照耀下，他了解手下。他認可他們，對他們是有育成力的。他把祝福賜予他們。被祝福對我們來說有巨大的心理效果。甚至有研究顯示，在我們覺得被重視、讚揚與祝福的時候，身體真的會有化學上的轉變。

今日的年輕男子渴求著來自年長男人的祝福，渴求著來自國王能量的祝福。就因為這樣，他們無法像我們所說的那樣「凝聚起來」。他們不該如此。他們需要被祝福。他們需要被國王看見，這麼一來，內在的某種東西會為他們而凝聚起來。這就是祝福的效力：療癒並且讓人完整。當我們名正言順的才華與能力被看見、被重視，也具體得到回饋（或許是得到從法老手中落下的黃金）時，就會發生這種事。

當然，許多古代國王，就像今天處於「帝王般」位置的許多男人一樣，遠遠不及好國王的理想形象。然而，這種中心原型獨立存在於我們任何一個人之外，並且透過我們，設法要來到我們的生命之中，以便合併、創造與祝福。

我們能說出來的好國王特徵是什麼？根據古代神話與傳說，這種成熟男性能量的特質為何？

完整的國王原型，具備男性精神中的秩序、講求道理且合乎理性的模式，還有統整與正直的特質。它讓混亂的情緒與失控的行為穩定下來。它給予穩定性與中心性。它帶來冷靜。而在它的「繁殖」與中心性方面，它是活力、生命力與喜悅的中介。它帶來維持與平衡。它捍衛我們自己的內在秩序感、存在與意義的完整性，我們對於自己是什麼人的核心鎮定感，還有對於自身男性身分本質上的無懈可擊與確定性。它以一種堅定且仁慈的目光看待這個世界。它看見他人全部的弱點，以及全部的才華與價值。它榮耀他們，提升他們。它指引他們，並且撫育他們朝著自己的存在完整性發展。它並不嫉妒，因為它對自己的價值感到安心，就像國王一樣。它回饋並鼓勵我們與其他人身上的創造力。

它在核心中結合並表達戰士，這代表了秩序受到威脅時所需要的攻擊性力量。它知道且能夠辨別（魔法師面向），並按照這種深刻的知識來行動。它喜愛我們及其他人（愛人面向），並透過真實的讚揚，還有豐富人生的具體行動，來展現這種喜悅。

這種能量透過一個採取了必要的經濟與心理步驟來確保妻兒有美好生活的男人，表現了它自身。當這個男人的妻子決定回學校讀書，想成為一位律師的時候，就是這種能量在鼓勵她。這種能量也透過一位父親被表達出來：這位父親放下工作，出席兒子的鋼琴獨奏會。就是這種能量，透過一位老闆表現出來：與辦公室裡叛逆的部下對質，而不是開除他們。這種能量也透過一位裝配線領班而表達自身：這位領班能夠與他照管的復健中酒精中毒者與藥物濫用者一同工作，支持他們持續戒酒或戒毒，並且給他們賦能（empowering）的男性指引與滋養。

在會議中的其他人都失去控制而你還能夠保持冷靜的時候，就是這種能量透過你在表達它自身。這是冷靜與寬慰的聲音，在混亂與掙扎時刻的鼓勵言語。這是在仔細深思熟慮之後的清楚決定，切開了家庭、工作、國家與世界之中的混亂。是這種能量在尋求和平與穩定，以及所有人的有序成長與滋養，而且不只是為了所有人，也是為了環境，為了整個自然界。國王照料整個領土，既是自然的管理者，也是人類社會的管理者。

就是這種能量，出現在關於王國內「人民的牧者」、動植物的「園丁」與農夫的古代神話中。這是清楚冷靜並以權威肯定所有人權利的聲音。這是讓懲罰最小化、讚揚最大化的能量。這是來自中心，來自每個男人內在原始山丘的聲音。

陰影國王：暴君與弱者

雖然大多數人在自己的人生中，已經體驗過這種成熟男性能量的一部分，或許是在我們感覺非常有一體性、冷靜而集中的時刻，從自己的內在感受到，還有偶爾從我們的父親、一位仁慈的叔叔或教父、同事、老闆、老師或牧師身上感受到。但大多數人也必須坦白，整體而言，我們鮮少體驗到完整的國王能量。我們可能片段零碎地感受到它，但令人哀傷的事實是，大多數男性的人生中都災難性地缺乏這種正面能量。大半時候，我們體驗到的是所謂的陰影國王。

就像在所有原型的例子裡一樣，國王展現出一種「積極—消極」的兩極化陰影結構。我們稱呼陰影國王的積極端是「暴君」，消極端則是「弱者」。

我們可以看到暴君在耶穌誕生故事裡的作用。在孩童基督出生之後不久，希律王就發現了這個事實：這嬰孩已經出生了，而且是在他控制的世界裡。希律王把士兵派往伯利恆，要把那個新國王——新生命——找出來殺掉。因為耶穌是一個神聖小孩，他及時逃脫了。不過，希律王的士兵殺死了留在城內的所有男嬰。每當新生命出生，我們內在（還有外在生活中）的希律王就會展開攻擊。暴君痛恨、恐懼又厭惡新生命，因為他感覺到新生命威脅到他對自身王權的薄弱掌握。暴君國王不位於「中心」，也不覺得冷靜而有育成力。他沒有創造性，只有毀滅性。如果他在自己的育成力和內在秩序（「自性」結構）中覺得安全，就會對國土內的新生命誕生有欣喜的反應。如果希律王是這樣的男人，就會領悟到時候到了，自己應該退位，好讓新國王耶穌基督能夠體現這個原型。

另一個聖經故事，掃羅（Saul）的故事，也有同樣的主題。掃羅是另一個被「暴君」控制的凡人國王。對於剛受膏油禮的大衛，他的反應就像是面對耶穌的希律王。掃羅的反應是恐懼與憤怒，而且設法要殺死大衛。雖然預言家撒姆耳（Samuel）曾經告訴掃羅，雅威不想讓他繼續當國王了。「當國王」，是在為這片領土體現國王的能量。但掃羅的自我卻已經變得與國王合而為一了，他拒絕放棄王位。人類暴君是那些處於國王般的位置（不管是在家中、辦公室、白宮或克里姆林宮），認同國王能量，卻沒能領悟到他們並不是國王能量的人。

另一個來自古代的例子，是羅馬皇帝卡利古拉。雖然先前的皇帝對人民與羅馬元老院都掌握了巨大的權力，而透過他們的職權，也君臨整個地中海地區，並在死後被尊為神明，但卡利古拉卻破了紀錄：他還在人世時就自稱是神。他的瘋狂，還有對周遭眾人的濫權與虐待傾向，讓人嘆為觀止。羅伯特．格雷夫斯（Robert Graves）的書《我，克勞迪亞斯》（*I, Claudius*）以及根據此書改編的電視影集，描繪了讓人心頭發寒的「暴君」形式的陰影國王，在卡利古拉這個人身上的發展。

暴君剝削並利用別人。當他追求心目中屬於自己的私利時，總是殘酷無情、沒有慈悲心，也沒有感情。他對別人的貶低是沒有底線的。他痛很所有的美、所有的純真、所有的力量、所有的才華與所有的生命能量。他之所以如此，是因為我們曾經說過的，他缺乏內在結構，而且他害怕——

老實說是嚇壞了——自己那隱藏的弱點，還有潛在缺乏的能力。

身為暴君的陰影國王，體現在對著兒子（還有女兒）的喜悅與力量、能力與活力開戰的父親身上。他害怕子女的生氣蓬勃、子女存在的新鮮感，還有透過子女所湧出的生命力，因此會設法殺掉這種力量。他的做法是公然口頭攻擊並貶低子女的興趣、希望與才能；或者他換個做法，忽略子女的成就，不理會子女的失望，並且在（比方說）子女放學回家，給他看一項美勞作品或良好的測驗成績時，表示無聊或沒興趣。

他的攻擊可能不限於口頭或心理虐待；其中可能包括身體虐待。打屁股可能變成毆打，也可能出現性侵。被暴君控制的父親，可能針對女兒甚至兒子的軟弱與易受傷害，來進行性剝削。

有一位年輕女性因為婚姻中出了許多狀況而前來諮商。在進入治療後不久，她所描述的狀況就是暴君國王從性方面充滿惡意的面向侵入她的家。在大約十二歲的時候，她父親離開了她、她的母親和姊姊，搬去跟別的女人同居。而那個女人的丈夫後來搬去跟她們同住。這個男人從來不喜歡他的新「妻子」，而他很快就發現他的新繼女美麗而脆弱。他開始命令她跟他同寢，起初只是要她在晚上躺在他旁邊。然後他開始要求她替他手淫，讓他射精到床邊的面紙裡。到最後，他逼迫她跟他性交，威脅說如果她不從，他就離開她們，然後她們在經濟上就求助無門了。這位年輕女士的母親從沒有採取行動制止他對女兒的駭人虐待，只是忙著在早晨清掉前一晚塞在床墊底下的髒面紙。

在大衛王與拔示巴的故事裡，拔示巴原是西臺人烏利亞（Rriah）的妻子。有一天，大衛在宮殿屋頂上散步時，瞥見拔示巴在洗澡。這幅景象讓大衛非常心蕩神馳，並派人將拔示巴帶過來，強迫她與他發生關係。請記得，理論上國土內所有的女性都屬於國王。但她們屬於國王的**原型**，而不是世俗中的凡人國王。大衛在無意識中把自己等同於國王能量，不只是占有了拔示巴，也害她的丈夫烏利亞被殺害。對這個王國來說，很幸運的是大衛還有良知，他的良知以先知拿單（Nathan）的形式登場；拿單去找大衛，並且控訴他。頗值得表揚的是，大衛接受了這個控訴的真實性，也悔改了。

所有人身上偶爾都會出現暴君國王：當我們覺得被逼到極限、當我們精疲力竭、當我們變得自大的時候。但我們可以看到，在某些人格組成中，暴君國王大部分時候都在運作，最知名的是在所謂的自戀型人格違常（narcissistic personality disorder）裡。這些人真心覺得他們是宇宙的中心（雖然他們自己沒有中心），其他人的存在是為了服務他們。他們沒有反映（mirror）**他人**，反而不知饜足地尋求**來自**其他人的反映。他們沒有看見他人，反而尋求被他人看見。

我們也能夠觀察到暴君國王在某些生活方式中運作，甚至是在某些「職業」裡運作。毒梟、皮條客、黑手黨老大全都是這種例子；他們的存在是為了推進自己的地位，還有增進他們認為屬於自己的福祉，卻讓別人為此付出代價。但我們也在得到社會認可的職位上，看到這種自私自利的情況。一位面試官應該針對你的經驗、訓練、對自己的期望與想服務的公司，跟你進行對話。但他反而把整個面試過程耗在談論**他自己**，還有**他的**成就、權力和薪水，還有**他的**公司具備的美德，卻從來不問關於你本人的事情。

現今，在美國的企業中，許多人對於自己效命的公司根本不感興趣。許多人只是「原地踩水」，正在設法另尋出路。在此我們發現了某些主管，他們更有興趣推進個人職涯，而不是好好管理置於他們權威管轄下的「領土」。他們沒有對公司的奉獻或真正的忠誠，只有對自己的奉獻與忠誠。這種人就是為了自身的財務利益，交涉要賣掉自己公司、眼睜睜看著它解體失能的那種執行長，他很樂意看著自己的朋友與忠實員工，在現今很流行的「槓桿收購」裡被當成冗員開除。

被暴君控制的男人對於批評非常敏感，雖然他擺出一副充滿威脅性的表面態度，但面對最輕微的評論時就會覺得虛弱氣餒。然而他不會對你透露這一點。除非你知道要找什麼跡象，否則你只會看到憤怒。但在憤怒之下，是一種缺乏價值、易受傷害與虛弱的感覺，因為在暴君的背後，躲著國王的兩極化陰影系統的另一端：弱者。如果他無法認同於國王能量，他就覺得自己什麼都不是。

這個消極端的隱藏存在，解釋了我們為何會從許多上司與朋友身上，感受到他們渴望著被反映——「仰慕我！」「崇拜我！」「看看我有多重要！」這解釋了他們爆發的憤怒，還有為何要攻擊那些他們眼中的軟弱之人，也就是說，他們把自己內在的「弱者」投射到那些人身上了。巴頓將軍儘管有一身武德，但顯然對自身的弱點與怯懦有潛藏的恐懼。電影《巴頓將軍》（*Patton*）中，藉著他在二次大戰期間訪視一所野戰醫院的時刻展現了這一點。他走過一個個床位，恭賀傷者並給他們獎章（這是完整的「國王」會做的事情）。但接著他來到一個苦於「戰鬥疲勞症」（shell shock）的男子床邊。巴頓問他是出了什麼問題，這名士兵告訴他，他的精神耗竭了。巴頓沒有用給予生命的國王（他知道手下在對抗什麼）所具備的同情心來回應，反而大動肝火，掌摑了這名士兵，說他是懦夫，羞辱他又虐待他，然後把他從醫院送上前線。雖然他不知道，但他看到的是自己隱藏的恐懼與軟弱投射到別人身上的面孔。他瞥見了內在的弱者。

被弱者控制的男人缺乏自身內在的中心、冷靜鎮定與安全，而這也導致他陷入偏執狂。我們在希律、掃羅與卡利古拉身上看到這一點，他們所有人晚上都無法入眠，在宮殿裡踱步，因為唯恐下屬不忠而飽受折磨，在掃羅的例子裡，甚至懷疑他的子女不忠誠。他們也苦於真正的「國王」（上帝）的不認同。被兩極化陰影國王占據的男人，**事實上**有很多事情要害怕，因為他壓迫性的行為（通常包括殘酷暴行），會招來其他人以牙還牙。我們為這句老話發笑：「就算你有偏執狂，也不表示他們不會出來捉你。」他們可能真的會。一種具防衛性、充滿敵意、「先發制人」的偏執狂心態，對於人的冷靜與秩序感是有毀滅性的，它會設法毀滅這個人自己和別人的品格，還會招來報復。

有一位牧師在他的教堂裡發生某個危機之後，不久進入精神分析療程。有一群遊手好閒的異議者、一班心理學與性靈學上的不法之徒集結起來，為了他們心懷嫉妒的理由，打算要毀掉這位牧師。領導人是一個在晚間會聽到神出聲跟他說話的男人，他曾經做過一個夢，告訴他說這位牧師計畫要殺他，因為他設下陰謀要對付這位牧師。偏執狂是會傳染的。這個「宮廷政變」的偏執教唆者，日夜不斷騷擾這位牧師：電話、內含直接威脅的仇恨信件、在牧師布道中途咆哮，並且在教堂聚會中演講，列舉他眼中這位牧師的失敗之處，以至於牧師沒有鞏固他跟自身國王能量之間的關係，反而逐漸滑落到暴君／弱者的力量之下。他對於教會的政策變得越來越像暴君、越來越獨裁，在教會管理方面擅自奪取越來越多的權力，也開始用可疑的戰略對抗他的「敵人」，以便把他們趕出教會。在此同時，他受到可怕的夢魘侵擾，夜復一夜向他揭露自己潛藏的恐懼與弱點。相互的偏執狂開出了陰暗的花朵，牧師與會眾雙方到最後都陷入混亂與充滿藉口的世界裡，這個世界徹底脫離了牧師原本以充滿感情的方式設法教導的性靈價值。這是陰影國王的又一勝利。

我們可以很快就看出「暴君」與「高腳椅上的暴君」之間的關係，暴君是從這種孩童模式中興起的。在某方面來說，神聖小孩身上的浮誇是正常的。神聖小孩就像嬰兒耶穌，他甚至想要也需要得到國王的仰慕，這是很恰如其分的。父母需要做的（而且這非常難），是給自己子女身上的神聖小孩恰好正確分量的愛慕與肯定，好讓他們能夠使自己的人類孩子輕鬆地走下「高腳椅」，逐漸進入真正的世界；因為諸神在這個世界裡無法像凡人這樣生活。父母需要幫助自己的人類男嬰，讓他們逐漸學會不要認同於神聖小孩。男孩可能會抗拒退位，但父母必須堅持，一方面肯定他，另一方面適時「讓他學著謙虛點」。

如果他們太過崇拜愛慕他，沒有幫助這個男嬰的自我在那原型之外成形，那麼他可能永遠不會從高腳椅上下來。在「高腳椅上的暴君」的力量膨脹下，他只會在跨入成年後自認為是「凱撒」。如果我們挑戰像這樣的人，對他說：「我的天啊，你自以為是凱撒！」他很有可能會說：「是嗎？那又怎樣？」這是陰影國王在男人心中成形的一種方式。

陰影國王成形的另一個方式，是在父母虐待他們的男嬰，並且從一開始就攻擊他的誇大與榮耀感時。神聖小孩／高腳椅上的暴君的浮誇感，接著會一分為二，然後落入男孩的無意識中，以便妥善保管。因此，這男孩可能會受制於孱弱王子的力量之下。隨後，當他成為「成人」，而且主要在弱者的宰制下運作，他那被壓抑的浮誇感在成人世界龐大的壓力之下，可能會爆炸到表面來，完全赤裸原始、未經調節又非常強勁。這就是一個看似頭腦冷靜理性又「好心」的男人，然而一旦被提拔後，會突然間「變了一個人」，變成一個小希特勒。「權力造成腐化；絕對的權力造成絕對的腐化。」這句話用在這種男人身上完全精確。

連結國王能量

未來的人類「國王們」要取用國王能量，第一個任務就是解除自我對這個原型的認同。對於國王的整合完整性以及分裂的兩極化陰影形式，我們都需要達成心理學家所說的「認知距離」（cognitive distance）。與膨脹和誇大相反，在成人生活裡，符合現實的「偉大」性質，意謂著承認我們與這種以及其他成熟男性能量之間的恰當關係。那種恰當的關係，就像一顆行星跟它繞著公轉的恆星之間的關係。行星不是恆星系統的中心；恆星才是。行星的工作，是跟賦予生命（但也有致命潛能）的恆星之間保持適當距離，以便增加它自身的生命與福祉。行星的生命是由恆星衍生而來，所以恆星是行星「仰慕」的超個人（transpersonal）對象。或者，採用另一個意象，成熟男人的自我無論暫時達到什麼地位或力量，都需要把自己想成是一個超個人意志（Will）或理想（Cause）的僕人。它需要自認為是國王能量的管理者，不是為了它自身的利益，而是為了它「領土」中那些人的利益（不論那領土可能是什麼）。

對於原型的兩極化陰影系統中「積極」與「消極」兩端的差異，有兩種看待方式。如同我們已經看到的，一種方式是把原型結構看成是三角形或三位一體的。另一種方式，是談論自我對於完整原型的認同或不認同。在認同的狀況下，結果是自我的膨脹，並伴隨著對嬰兒發展階段的固著。在極端不認同的狀況下，自我體驗到的是缺乏通往原型管道的自己。實際上，它被卡在國王功能失調陰影的消極端了。自我覺得十分渴望國王能量。覺得被剝奪，還覺得缺乏「擁有」權力的來源與動機，一直都是原型消極端的特徵。

根據這個觀點，做為暴君的陰影國王，是在自我認同於國王能量本身的時候崛起，因此並沒有超個人的承諾。**他**是他自己最優先考慮的。因為一個男人的自我無法維持適當的軌道，導致它已經落入原型的太陽之中，或者飄移得太過靠近，以至於它抽走了巨量的燃燒氣體，並因為這些氣體而變得膨脹，這就像我們在雙恆星系統裡看到的。整個精神狀態變得不穩定。這顆行星假裝是一顆恆星；真正的系統「中心」失落了。這就是我們所謂的「篡位症候群」（usurpation syndrome），自我篡奪了國王的地位與權力。這是天國的神話式叛亂，許多神話裡都描述過；在這種時候，一位突然崛起的神設法要奪取最高天神的王位。（這讓我們回想起撒旦嘗試推翻上帝的神話。）

我們要指出，取用這種能量的另一個問題，會在我們自覺已經跟賦予生命的國王完全失去有效接觸時產生。在這種狀況下，我們可能會落入所謂依賴型人格障礙（dependent personality disorder）的範疇裡，而把內在的國王能量（我們從來沒把這種能量當成內在能量來體驗過），投射到外界的某人身上。我們體驗到的自己是無能的，無法行動、無法感覺冷靜與穩定；另有他人承載著我們投射上去的國王能量，此人具備的存在感與得到的關愛和注意，我們都不具備。這種事會發生在家庭系統裡：丈夫變得太體貼妻子的情緒，並且害怕採取主動，因為他們害怕自己的行動可能帶來的攻擊性憤怒。這也會發生在小孩身上：當父母不准許他們發展出充分獨立的意志、品味與目的，一直庇護著他們的時候。

這種事也會發生在我們的工作情境下：當我們變得太依賴老闆的權力與異想天開時，或者是在我們自覺在同事旁邊連打噴嚏都不敢的時候。這也會發生在更大規模的國家範圍裡，人民自視為貧農，把他們所有的內在國王能量都轉交給「偉大領袖」。這種「遜位症候群」（abdicatnion syndrome）——弱者的標誌——就跟篡位症候群一樣具有災難性。

有關大規模遜位症候群災難性後果的一個例子，發生在西班牙人埃爾南．科爾特斯（Herman Cortés）征服墨西哥的時期，就在距離今日墨西哥市不遠的歐坦巴（Otumba）平原上。在墨西哥軍隊大舉攻擊的六天前，科爾特斯跟他的人馬半夜逃離特諾奇提特蘭（位於今墨西哥市）。在第七天破曉時，精疲力竭又滿懷恐懼的科爾特斯軍隊殘部，俯視歐坦巴平原，看到大批墨西哥戰士群聚前來對抗他們。西班牙人看似注定難逃劫數。然而，在接下來的戰鬥中，科爾特斯瞥見墨西哥指揮官的旗幟。情急之下，科爾特斯自知他們的生命就仰賴這一舉，便往前衝刺，在敵人的士兵之間殺出一條血路。當他終於衝到墨西哥指揮官身邊時，一舉擊殺了指揮官。

墨西哥人立刻恐慌地轉身逃離戰場，讓西班牙人感到訝異不已。西班牙人繼續追擊，屠殺了許多墨西哥人。讓戰役走向奇蹟逆轉的事件，就是墨西哥戰士看見主帥被殺。他們把國王能量的力量集中投注在這個男人身上，而當他遇害時，他們就相信原型能量已經離棄他們了。他們潛藏的無力感（disempowerment），隨著領袖的死亡升高到表面，因而他們就向無能與混亂投降了。如果墨西哥戰士領悟到國王能量就在他們內心，墨西哥可能永遠不會被征服。

當我們與自己內在的國王失聯，並且把宰制我們生命的力量給了別人，可能就會招來比個人層次規模更大的災禍。被我們立為國王的人，可能帶領我們去打輸掉的戰爭，造成家庭中的虐待、集體謀殺、納粹德國或瓊斯鎮（Jonestown）[3]的恐怖狀態。或者，他們可能只會把我們拋棄給自己潛藏的弱點。

但當我們正確連結國王能量，做自己內在「國王」的僕人時，就會在自己的人生中表現出正義好國王，也就是完整國王原型的特質。我們的傭兵會在內在的中國皇帝面前，恰如其分地跪下。我們會感覺到焦慮程度降低。我們會感覺到自己有中心，而且很冷靜，也會聽到自己出自內在權威而發言。我們有能力深切而真誠地關注別人。我們會「認可」別人；我們會把他們看成他們實際上的樣子：完整的人。我們會覺得自己是一個有中心的參與者，參與創造一個更正義、更冷靜、更有創意的世界。我們不只是對家庭、朋友、公司、理想、宗教等，會有超個人的奉獻之心，對整個世界也是如此。我們會有某種性靈面，也會知道那個所有人類生命似乎都當成基礎的中心戒律是真確的：「你要盡心、盡性、盡意、盡力愛主——你的神（在此解讀為「國王」）。要愛人如己。」

譯注

1 神的指頭（the finger of God）：在中文和合本《聖經》裡被意譯為「神的手段」。

2 瑞（Re）：埃及的太陽神，另一個常見譯名是「拉」（Ra）。

3 瓊斯鎮（Jonestown）：是美國人吉姆·瓊斯（Jim Jones）創立的新興教派「人民聖殿教」（Peoples Temple Christian Church），於一九七四年在南美洲蓋亞那（Guyana）建立的根據地。人民聖殿教疑似對企圖脫離的教徒採取暴力手段脅迫，甚至殺害，因此引起美國眾議員李奧·雷恩（Leo Joseph Ryan）前往當地調查，結果在一九七八年十一月十八日，教主瓊斯下令殺死結束調查準備離開的雷恩一行人，並且下令全鎮教徒集體自殺，被殺與自殺的死者共計九百一十三人。

2

戰士

在我們生活的年代，一般而言大家都對男性能量的戰士型態感到不安，而且有些很好的理由要這麼想。女人對此特別感到不安，因為她們通常是戰士的陰影形式最直接的受害者。在全球，這個世紀的戰事達到了如此可怕而普遍的程度，以至於侵略性能量本身引來深度疑懼的目光。這是一個西方標榜「柔和男性氣質」（**soft masculine**）的年代，也是激進女性主義者發出充滿敵意的宏亮聲音對抗戰士能量的時期。在自由派的教堂裡，委員會成員把「打仗似的」讚美歌，像是〈基督精兵前進〉（**Onward Christian Soldiers**）和〈共和國戰歌〉（**The Battle oHymn of the Republic**），從讚美詩歌集裡抽掉。

然而，值得注意的有趣之處，在於那些會把男性侵略性從根部砍除的人，自己在狂熱之中也會自動落入這種原型的力量之下。我們不能辨個投票就把戰士否決掉。就像所有的原型一樣，儘管我們有意識地對它採取這種態度，它還是會繼續活下去。而且就像所有**被壓抑的**原型，它遁入地下，到最後卻以情緒與身體暴力的形式再度浮上檯面，就像一座休眠好幾個世紀的火山，在岩漿儲集處逐漸累積壓力。如果戰士是一種本能性的能量形式，那麼它就是會待在這裡。而且面對它會很值回票價。

在非洲與黑猩猩部落共同生活多年（黑猩猩與人類在基因上有百分之九十八相同）的珍・古德（Jane Goodall），一開始描繪的是基本上充滿愛、和平與善意的動物。這個報告在一九六〇年代是大熱門，當時西方有數百萬人設法要理解，為什麼戰爭會是看似很吸引人的人類消遣活動，也想找到不同的方式來解決大規模的爭議。然而，古德女士在發表最初的報告幾年之後釋出新的證據，指出實際上發生的狀況比她原本以為的更多樣。她發現在那群「和平的」黑猩猩之中，也有戰爭、殺嬰、虐童、綁架、偷竊與謀殺。羅伯特・奧德利（Robert Audrey）在兩本爭議性的著作《非洲創世紀》（*African Genesis*）與《地域法則》（*The Territorial Imperative*）中，以最直接了當的方式聲稱人類受到本能的宰制，而同一套本能也掌控著其他動物的感受與行為，其中重要性名列前茅的就是打鬥的衝動。再者，在靈長類行為學領域中最新的研究顯示，所有範圍的人類行為，在靈長類最近親身上都看得到，或至少有個輪廓。

商業界主管與保險推銷員在週末到樹林裡去玩戰爭遊戲，躲藏在樹木之間，用漆彈槍組織攻擊，練習求生，假裝處於危險、死亡的邊緣，要想出種種策略來「殺死」彼此。這種現象是什麼意思？都會幫派照著準軍事規則來組織，背後的隱藏能量是什麼？要怎麼解釋藍波、阿諾・史瓦辛格，還有像《現代啟示錄》（*Apocalypse Now*）、《前進高棉》（*Platoon*）、《金甲部隊》（*Full Metal Jacket*）與其他戰爭片受歡迎的程度呢？我們可以哀嘆在這些電影和電視畫面上的暴力，但很明顯的是，我們體內的戰士仍舊非常活躍。

我們要做的就只有瀏覽一下這個物種的歷史，其中有大半是用戰爭來**定義**的。我們幾乎在每個文明裡都看到偉大的戰士傳統。在我們的世紀，兩場世界大戰劇烈震盪全球。儘管最近東西方開始破冰，第三場、也是最後一場世界大戰，仍然高掛在我們頭上。在此有某件事情發生了。某些心理學家看到人類的侵略性從嬰兒的憤怒中浮現，這是小孩子對於愛麗絲・

米勒（Alice Miller）所謂的「毒性教條」（poisonous pedagogy），也就是對小男嬰（還有小女嬰）的大規模虐待，所產生的自然反應。

我們相信這個觀點有很高的真實性，尤其在考量到所謂的「陰影戰士」有多盛行時。但我們相信，戰士不應該以任何簡單的方式被等同於人類的憤怒，事實恰恰相反。我們也相信這個主要的男性能量形式（也有女性戰士神話與傳統）之所以持續下來，是因為戰士是男性心態的基本建材，幾乎肯定根植於我們的基因之中。

當我們仔細檢視戰士傳統的時候，可以看到這些傳統在歷史上成就了什麼。舉例來說，古埃及人好幾個世紀以來都是非常和平、基本上很溫和的民族。他們在孤立的尼羅河河谷裡很安全，遠離任何潛在的敵人；這些敵人被周遭的沙漠與北方的地中海阻擋在外。埃及人能夠建立一個非常穩定的社會。他們相信萬物之間的和諧，相信由瑪雅特指揮秩序的宇宙。然後在西元前一千八百年左右，一群又一群好鬥的閃族部落希克索斯人（Hyksos），從尼羅河三角洲入侵埃及。這些希克索斯戰士有馬和戰車，在當時是很有效率又能摧枯拉朽的戰爭機器。希克索斯人最後征服了大半的埃及，進行鐵腕統治。

在西元前十六世紀，變得強硬的埃及人終於反擊了。從南部崛起的新法老王把他們原有的國王能量，與剛發現的戰士能量統整在一起。他們以驚人的兇殘行為往北推進。他們不只是粉碎了希克索斯人的勢力，把埃及奪回埃及人手中，還繼續往北推進到巴勒斯坦與亞洲，建立了一個領土寬廣的帝國。在這個過程裡，他們把埃及文明（藝術、宗教與觀念）散播到範圍寬廣的區域中。靠著他們的征服，偉大的法老王圖特摩斯三世（Thutmose III）與拉美西斯二世（Ramses II）不只是再度鞏固了埃及，也把埃及文化的菁華帶進更廣大的世界。因為埃及人發現他們內在的戰士，才能讓埃及的倫理道德，還有像是死後審判與墳墓之外的天堂（正直的靈魂會與神合而為一）等基礎宗教觀念，變成西方倫理與性靈體系的一部分。美索不達米亞文明也有同樣的故事可說：透過激勵戰士能量，把重要的人類知識與洞見帶進未來的文明之中。

在印度，戰士階級剎帝利（kshatriya）征服並安定了印度次大陸，並且建立了讓印度變成世界性靈中心的條件。他們在波斯北方的表親，瑣羅亞斯德教派（Zoroastrian，祆教）的戰士國王，則把瑣羅亞斯德教派散播到整個近東地區。這個宗教深刻影響到現代猶太教與基督教的崛起，也影響到許多豐富並形塑了後宗教現代世界的價值觀與基本世界觀。透過後來所謂的西方文明，現在瑣羅亞斯德的教誨以經過修正的形式橫掃全球，影響範圍遠及南海諸國的村莊生活與個人道德觀。

《聖經》中的希伯來人原本是戰士民族，也是一位戰士神——希伯來聖典之神雅威的追隨者。在戰士國王大衛的統治下，這個新宗教的益處，包括其中以戰士美德為基礎的先進倫理系統，被鞏固下來。許多希伯來的觀念與價值，透過大量吸收希伯來傳統的基督教，最後由歐洲戰士階級帶進世界的各個角落。

羅馬皇帝兼戰士，例如博學的哲學家兼倫理學家奧里略（Marcus Aurelius，西元一六一～一八〇），讓地中海文明保留了夠長久的時間，以至於日耳曼部落在終於成功入侵帝國以前，就被閃族文明同化，也改寫了所有的西方歷史；從十五世紀以降，這個歷史逐漸變成了世界的歷史。

我們別忘了一小批斯巴達人，最優秀的希臘戰士，在西元前四八〇年於溫泉關（Thermopylae）挫敗了波斯人進攻歐洲的進程，並且拯救了歐洲剛萌芽的民主理想。

在北美，美洲原住民無論生死，就連最細微的行為都是按照戰士能量的指引而行，過著高尚、有勇氣、有能力承受巨大痛苦磨難的生活，為了捍衛他們的人民而對抗壓倒性的大敵（入侵的白人），大喊著「今天就是赴死的好日子！」然後躍入戰場。

或許我們需要以不帶偏見的眼光看著偉大的二十世紀戰士，包括巴頓將軍與麥克阿瑟將軍：偉大的戰略家、極具勇氣的男人，也是為了超越個人生存的遠大理想而奉獻自己的男人。然後，我們可能需要重新評估偉大的日本武士傳統：建立了日本國，禁慾、有紀律又忠誠到底的男人，確保了日本文化的生存，而且在今日穿著西裝征服全球。

所以，無論戰士能量可能是什麼別的東西，它確實是普遍出現在男性身上，也出現我們所創造、捍衛並延伸的文明裡。這是世界建立過程中的關鍵成分，並且擔負起重要的角色，把最高的人類美德與文化成就的益處延伸出去，擴及到全人類。

同樣真確的是，這種戰士能量常常會出問題。在這種情況下，其結果具有毀滅性。不過我們還是必須自問，為什麼這種能量會出現在我們內心。在人類生命的演化中，戰士的功能是什麼？還有他在個別男性精神之中的目的為何？戰士的正面特質是什麼？而這些特質能夠怎麼幫助男性的個人生活，還有我們的工作？

完整的戰士

完整戰士的特徵，就等於一種完整的生活方式，武士稱之為一種「道」。這些特徵構成了戰士的戒律、真理或者道，一種貫徹人生的性靈或精神道路。

我們已經提及侵略性是戰士的特徵之一。侵略性是一種激發、注入精力，並且賦予動機的生命態度。它推動我們採取攻勢，並且擺脫對人生任務與問題採取防禦性或「按兵不動」的態度。武士的建議，永遠都是帶著你能控制的「氣」（或生命能量）的全部潛能，「躍」入戰場。日本武士傳統聲稱，面對人生戰役時只有一種立場：正面衝突。而這個傳統也宣稱只有一個方向：前方。

在《巴頓將軍》知名的開場場景中，穿著全套軍服、腰間配著珍珠柄左輪手槍的將軍，正在對軍隊發表鼓舞士氣的演講。巴頓警告部隊，他沒興趣叫他們在戰役中堅守自己的位置。他說：「我不想收到任何訊息，說我們正在堅守崗位……我們一直都在前進……我們沒有興趣死抓著任何東西不放，只有敵人除外！我們會緊緊捏住他的鼻子，而且我們會踹他的屁股！我們會時時刻刻猛踢他，我們會貫穿他，就像把屎從鵝體內擠出來一樣！」適中的侵略性，在正確的環境下——在戰略上對手邊目標有利的環境——就已經是成功的一半了。

利用戰士原型的男性，怎麼知道什麼樣的侵略性在某種環境條件下是恰當的呢？他透過清楚的思維和洞察力而得知。戰士永遠都是警覺的。他總是醒著。他從來不會在睡眠中度過人生。他知道怎麼專注自己的心智與身體。他處於武士所謂的「正念」狀態。他是美洲原住民傳統中的「獵人」。如同卡羅斯・卡斯塔尼達（Carlos Castañeda）的《巫士唐望的世界》（*Journey to Ixtlan*）中的亞齊族（Yaqui）印地安戰士巫師唐望（Don Juan）所說，一位戰士知道他要什麼，也知道怎麼得到它。他澄明的心智表現出來的功能之一，就是他既是戰術家也是謀略家。他可以準確評估環境，然後讓自己適應「現場狀況」。

這個做法的例子之一是游擊戰的現象，這是一種古代傳統，而且從十八世紀以後變得更常用了。起義反抗的殖民地人士在美國革命戰爭中採用過這種技術。中國共產黨使用過，後來越共也在戰略首腦胡志明的指引下使用這個策略，取得驚人的成功，打敗敵人那累贅的軍事行動。最近阿富汗反抗軍鬥士利用這種戰略，把蘇聯軍隊趕出他們的國家。戰士知道他何時有力量可使用傳統手段打敗對手，也知道他何時必須採用非傳統戰略。他精確地評估自己的力量與技巧。如果他發現正面攻擊不會奏效，就會轉移對手的攻擊方向，瞥見其側翼的弱點，然後「躍」入戰鬥之中。戰士與英雄在此有個差別。連結英雄原型的男人（或男孩），如同我們曾經說過的，不知道自己的限制；他的想法很浪漫，自認為刀槍不入。然而，戰士透過清晰的思維，在任何情境下都實際地評估自己的能力與限制。

在《聖經》中，大衛王在對抗掃羅軍隊的優勢力量時，起初避免直接與掃羅的軍隊短兵相接，讓掃羅追著他跑，耗損其自身的力量。大衛與他的烏合之眾是游擊隊，住在境外、移動迅速。然後大衛清楚評估過狀況，便逃離掃羅的王國，去找非利士人（Philistine）的國王。從這個位置，他有了數千位非利士士兵的力量做後盾。他把自己放到了可以徹底消滅掃羅的位置。然後，大衛再度透過他對當時情勢的精確評估，重新進入掃羅的王國，集結自己的軍隊，然後等待掃羅的垮臺。有時候，「前進，永遠要前進！」的格言，意謂著變換策略。這表示一種戰略上的彈性，來自剃刀般鋒利的評估。

現代擊劍用到了這種彈性。劍士不只是訓練他的身體，也訓練心靈。他學習光速般的思考，在對手的位置與戳刺中，尋找沒有防備的地方；接著他抵擋、攻擊，然後得點。有一個男大學生回報說，在他開始練擊劍後，課堂表現進步了。他能夠用閃電般迅速的清晰思緒，瞥見複雜演講中的重要主題，評估支持論證中的弱點，以銳利的遠見和一股前所未知的自信，挑戰這些陳述，然後逼迫他的教授和同學開始講道理，或是撤回他們的論證。這時他知道自己想要學習什麼，也知道要如何得到。

各種戰士傳統全都肯定的是，在訓練以外，讓一位戰士達到思維清晰的方法，就是帶著自身死亡迫在眉睫的覺察過生活。戰士知道人生有多短暫、多脆弱。在戰士指引下的男人，知道他的時日寥寥無幾。這種覺察沒讓他沮喪，反而引導他讓生命能量泉湧而出，並且熱烈體驗他的人生，而這是其他人無從知曉的。每個行動都有意義。每件事都做得像是此生的最後一次。武士得到的教育是，就像自己已經死了一樣地過生活。卡斯塔尼達的唐望教導說，如果我們過活的時候，有死亡做為「我們的永恆伴侶」，那麼除了有意義的行為以外，我們「沒有時間」做任何別的事。

沒有時間猶豫。死亡迫在眉睫的這種意識，讓連結戰士能量的男人充滿精力，並做出決定性的行動。這表示他參與生活。他絕對不會從中抽身而退。他不會「想太多」，因為想太多可能導致懷疑，懷疑導致猶豫，猶豫則導致毫無行動。毫無行動可能導致輸掉戰役。身為戰士的男人，會避免我們定義的那種自我意識（過度自覺）。他的行動變成了第二本性，變成無意識的反射動作。不過，這些是他透過大量自律練習的訓練後做出的行動。海軍陸戰隊就是這樣訓練出來的。一個好的海軍陸戰隊士兵，就是能夠做瞬間決定，接著毅然決然執行的人。

在任何人生情境中，進入果決行動的部分元素，除了侵略性、思維清晰，還有對個人死亡的覺察以外，就是訓練。戰士能量關乎技巧、能力與精確性，也關乎內在與外在、精神與身體兩方面的控制。戰士能量是要訓練男人在他們的思維、感受、言論與行動之中，成為「他們能夠成為的一切」。跟英雄的行動不同，戰士的行動從不過當，不會為了戲劇效果而刻意戲劇化；戰士之所以採取行動，絕對不是為了確定他就跟自己期望中的一樣能幹。戰士絕對不會耗費超出絕對必要之外的能量。他也不會講太多話。尤伯連納（Yul Brynner）在電影《豪勇七蛟龍》（*The Magnificent Seven*）之中的角色，就是經過訓練的自制範本。他的話很少，以獵食者那樣的身體控制著行動，只攻擊敵人，並且對於他那一行的技術絕對精通。戰士對於技巧很有興趣，精通那些能讓他達成目標的技術，而這兩個特色還有另一個面向：他發展出使用「武器」來執行決策的技巧。

最重要的是，他對於心智與態度有所控制；如果這些狀態對了，身體就會跟上。連結戰士原型的男人有「一種積極的心態」，就像銷售訓練領域裡的說法。這表示他有不可征服的精神，有很大的勇氣，無所畏懼，為自己的行動負責，而且能自律。紀律意謂著他用嚴格的態度，對於自己的心智和身體發展出控制力與精確的掌握，而且有能力忍受心理和生理兩方面的痛楚。「沒有痛苦就沒有收穫。」我們會這麼說。無論你是名符其實的獵人，在沙漠的寒冷凌晨，連續好幾個小時蹲在同一個位置，等待獵物走進狩獵範圍；或者是一名鐵人三項選手、醫學院學生；是一名主管，正在承受董事會成員搞錯方向的攻擊；或者是一名設法要跟妻子一起解決相處問題的丈夫，你都知道自己的心靈，或許還有身體的紀律，是很關鍵性的。

戰士能量也顯示出我們所謂的超個人承諾。他的忠誠是針對某種大於個人的事物——一種理想、一位神明、一個民族、一項任務、一個國家，雖然這種超越個人的忠誠，可能是透過某位要人而得以聚焦，比方說是透過一位國王。在關於亞瑟王（King Arthur）的故事裡，蘭斯洛特

（Lancelot）雖然對亞瑟與關妮薇（Guinevere）具有強烈的忠誠，最終卻奉獻給騎士的理想，還有高尚的追求、「為正義付出力量」、濟弱扶傾這類事物背後的神。當然，因為蘭斯洛特對關妮薇的愛，使他不知不覺中採取的行動，摧毀了他的超個人承諾應該受惠的地方，卡美洛（Camelot）。但他會這麼做，是因為他碰上了矛盾的個人與超個人浪漫愛情目標。到這

戰士蘭斯洛特與火焰龍對戰

出處：By Arthur Rackham - http://poulwebb.blogspot.no/2013/07/arthur-rackham-part-6.html, Public Domain, https://commons.wikimedia.org/w/index.php?curid=58058164

時，他已經失去取得戰士能量的管道，不再是一個騎士了。

這種超個人承諾，揭露了戰士能量的幾種其他特徵。首先，它讓所有個人的關係變成相對性的，也就是說，比起超個人承諾，這些個人關係沒有那麼核心。因此，對於恰當利用戰士能量的男性而言，他的精神是環繞著核心承諾而組織起來的。這種承諾消除了大量的人類瑣碎行為。依照像是神、民主、共產主義、自由，或任何其他有價值的超個人承諾之類的崇高理想與性靈現實過生活，大大改變了一個男人的生命重點，以至於瑣碎的口角與對個人自尊的關注，再也沒有多大的重要性了。

有個故事講的是一位效忠某大領主一家的武士。他的主公被敵對家族的一個男人謀害，這位武士發誓要為主公之死復仇雪恨。這位武士花了一段時間追蹤那名刺客，經過巨大的個人犧牲與苦難、勇敢度過許多危險之後，總算找到了那名謀殺犯。他抽出劍來要殺那個人。但這一瞬間，那名刺客吐口水在他臉上。武士退開了，收起他的劍，轉身走了。為什麼？

他離開是因為對自己被人吐了口水而感到憤怒。在那一刻，他本來會殺死那名刺客，但這是出於他個人的憤怒，而不是出於他對主公所代表的理想而做出的承諾。他處決那個男人，會是出於他的自尊與個人感受，卻不是因為他內在的戰士。所以，為了忠於他的戰士使命，他必須離開，讓那名謀殺犯活下去。

所以，戰士的忠誠及其責任感，是針對超越且不同於他本人及個人關懷的某項事物。如同我們先前看到的，英雄的忠誠其實是針對他自己，要讓自己佩服自己，也要讓別人感到佩服。在這個關聯上，連結戰士能量的男人也是禁絕欲望的。他所過的生活，與大多數人類過的完全相反。他的生活不是盡情滿足個人的需求與願望，或者生理欲望，而是磨礪自己成為一部有效率的性靈機器，被訓練要忍受無可忍受之事，以便服務超個人的目標。我們知道偉大的信仰如基督教與佛教創始者的傳說。耶穌必須抗拒撒旦在曠野中讓他看到的誘惑，佛陀則必須在菩提樹下忍受三大誘惑。這些男人都是性靈的戰士。

性靈戰士在人類歷史上為數甚多。伊斯蘭教整體而言是建築在戰士能量上的。穆罕默德就是一名戰士。直到今日，他的追隨者在針對其定義中的邪惡力量發動聖戰時，仍然汲取戰士的能量。伊斯蘭的神，雖然被尊稱為「至慈」與「至仁」者，還是個戰士神。

我們看到同樣的戰士能量呈現在基督教的耶穌會裡，好幾個世紀以來耶穌會都這麼教導：為了傳遞上帝的訊息到世界上敵意最深、最危險的地區，要否定自我。身為戰士的男人奉獻給他的理想、他的神、他的文明，甚至至死方休。

這種對於超個人理想或目標的奉獻，甚至達到毀滅個人的地步，把一個男人導向另一種戰士特質。只要他在戰士的狀態，情緒上就是疏離的。這並不表示這個連結完整戰士能量的男人很殘酷，而是他不會為了對任何人或任何事的情緒相關因素，而做出決定或實踐決定，只會為了他的理想而這麼做。他正如唐望所說，是「無法利用的」或「不受影響的」。如他所說，「不受影響，意謂著你謹慎地觸碰周遭的世界」，情緒上很超然。

這種態度也是戰士思慮清晰的一部分。他不動感情、沒有情緒地注視著任務、決定以及行動。武士訓練牽涉到下面這種心理練習。這種教誨說，每當你感覺到恐懼或絕望的時候，別對自己說「我很害怕」或「我很絕望」，而要說「有人正在害怕」或者「有人正在絕望。現在他能為此做些什麼呢？」以這種抽離的方式體驗一個有威脅性的情境，讓該情境變得客觀，並且讓人能夠對此有更清晰、在戰略上更有利的觀點。然後戰士就能夠以比較不顧及他個人感受的方式行動；他的自我不再擋路，他就會更有力、更迅速又更有效率。

通常在人生裡，我們說自己需要「退一步」看一個情境，才能得到宏觀看法，讓我們能夠行動。戰士需要空間來揮舞他的劍。他在外界需要與對手分離，也需要跟內在的對手（以負面情緒形式表現）分離。這就像擂臺上的拳擊手太過靠近彼此、鎖住對方的身體以後，就會被裁判分開。

戰士通常是毀滅者。不過，正面的戰士能量只會毀滅需要被毀滅的東西，以便讓新鮮、更有生氣、更具美德的事物得以出現。我們世界裡的許多東西需要被毀滅，如貪腐、暴政、壓迫、不公不義、過時又暴虐的政府體系、妨礙公司表現的企業階級制度、讓人不滿的生活方式與工作情境、糟糕的婚姻等。而在毀滅的行動中，通常戰士能量做的是建立新文明，還有人類在貿易、藝術與性靈上的新冒險，以及新的關係。

當戰士能量被連結到其他成熟男性能量時，某種真正壯觀的事物就浮現了。當戰士連結到國王的時候，利用這些能量的男人是有意識地管理著「領土」，而他決定性的行動、思維的清晰、紀律與勇氣，事實上是有創意又有育成力的。在歷史上的這個時刻，我們只需要想到戈巴契夫（Mikhail Gorbachev）——戰士與國王——掙扎著對抗蘇維埃體系的惰性，站在「中心」，對古老而無效率的事物宣戰，產生嶄新而更強勁的事物，帶領著他的人民進入一個新的紀元：要是沒有他領導，沒有他連結那兩種成熟男性能量，他們自己不會有勇氣面對。

戰士與魔法師原型之間的接觸面，就是讓一個男人對自身和「武器」，能夠達到精通與控制的事物。就是這種事物讓他能夠輸送並引導力量，去達成他的目標。

戰士與愛人能量的混合物，給予戰士同情心以及一種與萬物相連的感受。愛人是帶著一個男人回來與人類所有缺陷及弱點相連的男性能量。愛人讓處於戰士影響下的男人，在盡責任的同時，還具備同情心。在此，我們有這些電視媒體所捕捉的高度戲劇性畫面：越南的美軍在轟炸掃射一個越共村莊以後，把孩童背在身上帶出來，並且先為受傷的敵人急救。在電影《金甲部隊》裡，有個力量強大的場景：幾名美軍包圍一名殺死了好幾位弟兄的越共狙擊手，讓他受了致命重傷，結果發現「他」是個女人。其中一個角色對這個敵人產生了憐憫：她在痛楚中扭動，唸著祈禱詞，準備赴死，並且央求他射殺她，了結她的痛苦。這名美軍掙扎著要讓她死得痛苦，還是幫忙給她一個痛快。到最後他射殺了她，不是出於憤怒，而是出於憐憫。

與愛人同盟，能在戰士能量中產生其他合乎人道的影響。奧里略是一位哲學家。溫斯頓・邱吉爾（Winston Churchill）是一位畫家。日本藝術家兼戰士三島由紀夫是詩人。就連巴頓將軍都是詩人：他在羅馬人於兩千年前打敗迦太基人的北非古戰場遺址上，吟詠一首頌詞給布萊德利（Bardley）將軍聽。巴頓在神祕的詩作裡聲稱，他當時曾在那裡參與那場戰役。

然而，在戰士獨自運作，跟其他原型沒有關聯的時候，就算是凡人連結正面戰士（完整的戰士）的結果，都可能是災難性的。如同我們已經說過的，純粹的戰士形式是情緒疏離的；那超個人的忠誠，讓一個男人的人際關係重要性，變得極端相對化。從戰士對性愛的態度，就可以明顯看出這一點。對戰士來說，女人不是產生關聯、親密相處的對象。她們是享樂用的。我們全都聽過這種軍歌：「我有兩把槍，長短不一樣，長槍打敵人，短槍打姑娘。」這種態度解釋了軍營周圍為何娼妓眾多；這也解釋了強姦那些被征服女性的駭人傳統。

就算人類戰士有家庭，他對於其他責任的奉獻，通常會導致婚姻問題。我們一次又一次在電影裡看到孤獨、被拋棄的軍人之妻的故事。我們只要回想電影《太空先鋒》（*The Right Stuff*）裡如何描繪高多・庫珀（Gordo Cooper）與妻子楚蒂（Trudy）之間的疏離就知道了。

同樣的事情也發生在軍隊之外，那些所做的職業需要大量超個人奉獻、長時間嚴守紀律工作與自我犧牲的男人，其人際關係與家庭也是如此。牧師、醫生、律師、政治家、盡心盡力的銷售人員，還有許多其他人士，通常都有情緒上很折磨人的私生活。他們的妻子與女朋友通常覺得疏離而且被遺棄，無望地跟這個男人的「真愛」——工作——競爭。而且，這些男人也忠於戰士的性態度，通常與他們的護士、職員、接待員、祕書，還有其他從安全（有時不是那麼安全）距離之外，仰慕其男性戰士能力與奉獻精神的女性暗通款曲。

陰影戰士：虐待狂與被虐狂

如同我們前面提過的，戰士能量與人類關係的疏離，導致了真正的問題。對於一個被困在戰士兩極化陰影中的男人來說，這些問題變得非常傷人又有毀滅性。在電影《霹靂上校》（*The Great Santini*，直譯為「偉大的桑提尼」）中，勞勃．杜瓦（Robert Duvall）扮演一位海軍戰鬥機飛行員，他把家庭當成微型海軍陸戰隊來管。他對妻兒的大多數評論與行為，充滿了貶低、批判和命令，又刻意要在他跟家庭成員之間製造距離，然而他的家人一直嘗試要充滿關愛地與他建立連結。這種「連結」方式的毀滅性，到最後變得人人都看得出來，尤其是對長子而言，再也不可能掩蓋的事實是，桑提尼偶爾的暴力行為是因為他自己沒有能力溫柔且真正與人親密。「偉大的桑提尼」處於虐待狂的力量之下，他的情緒之「劍」永遠都是出鞘的，對著每個人揮舞。他的女兒們需要得到女孩子該有的待遇，而不是被當成海軍陸戰隊員；他的長子，需要他的指引與撫育；甚至連他的妻子都遭殃。有一個可怕的場景發生在廚房裡，一切終於都爆發了：桑提尼用肢體攻擊妻子，他的孩子們則攻擊他。雖然如同我們先前所說，超然本身不必然是壞事，卻會打開通往暴行「惡魔」的大門。這個處於戰士影響下的男人，因為在「與人建立連結」這個領域裡太脆弱，亟需控制他的心智與感情——不是壓抑，而是控制；否則暴行會趁他不注意的時候，偷偷從後門溜進來。

這有兩種暴行：缺乏激情的暴行與帶著激情的暴行。第一種暴行的例子是納粹用來訓練親衛隊軍官團的做法。軍官團候選人會扶養小狗，以各種方式照顧牠們，牠們生病時加以看護，餵養、梳毛、陪牠們玩耍。然後在訓練官獨斷決定的某個時刻，他會命令這些人殺死他們的狗，而且要不露感情地動手。這種無情的虐待狂訓練顯然效果良好，因為這些人變成了管理死亡集中營的殺人機器，有系統而沒有情緒地折磨及謀殺數百萬名人類，同時把自己想成是「好人」。

有個從戰士變成無激情殺人機器的當代圖像，就是《星際大戰》系列的達斯維達（Darth Vader）。有多少男孩與青少年認同他，是讓人心生警覺的事。同時，在這種連結上值得警戒的是，有多少這樣的年輕男子變成生存主義者與新納粹團體的成員。

然而有時候，虐待狂的殘酷行為是充滿激情的。在神話學裡，我們聽說過愛報復的神，還有「上帝之怒」。在印度，我們看到濕婆神跳著毀滅一切的舞蹈。在《聖經》裡，雅威下令以火焰毀滅整個文明。在舊約較早的部分裡，我們看到這個憤怒又報復心重的上帝透過大洪水，把整顆星球變成一片泥濘，幾乎殺死了所有生物。

在我們非常害怕也非常憤怒的時候，戰士以復仇精靈的姿態進入我們。一種所謂的「嗜血欲望」，在實際對戰的高壓情境，還有其他充滿壓力的人生情境裡，降臨到男性身上。在電影《現代啟示錄》中有一幕，美國砲艇的船員們在登上舢舨搜查時陷入恐慌，殺死了舢舨上的每個人。直到他們的恐懼平息以後，才明白自己在「戰鬥狂熱」中謀殺的那些人只是要去市集的無辜村民。《前進高棉》裡也出現了類似的場面：士兵們對一個無助的越南村莊開火。這種野蠻的爆發，從美萊村（My Lai）事件以後就糾纏著美國人：在該事件中，凱利（Calley）中尉似乎處於震驚憤怒的狀態，下令謀殺村子裡的所有男女老幼。虐待狂戰士其實熱愛這種屠殺與暴行，這一點在《巴頓將軍》裡再度凸顯出來，片中，巴頓將軍眺望著一場美軍與德軍坦克大戰後冒著煙的餘燼與碳化的屍體，嘆口氣說：「天啊，我真愛這個！」

伴隨著這種對毀滅與殘酷暴行的激情而來的，是一種對「弱者」、對無助與易受傷害之人（其實是虐待狂自己潛藏的被虐狂）的憎恨。我們已經提到巴頓軍旅生涯中的掌摑事件。我們看到同一種虐待狂展現在新兵訓練裡，假借必要的「儀式性羞辱」之名，刻意設計出來剝奪新兵的個體性，並且把他們置於超個人奉獻的力量之下。太常見的狀況是，訓練士官的動機源自虐待狂戰士的動機：羞辱及侵犯由他管轄的那些人。而我們能怎麼解釋第一次世界大戰中土耳其軍隊令人反感的習慣——在攻占一個阿拉伯村莊之後，士兵很樂於用軍刀切開懷孕婦女的肚子，扯出她們未出生的嬰兒，然後把孩子掛在他們的脖子上？

起初乍看或許不可能，但虐待狂戰士的殘酷行為，與英雄能量中的不當之處有直接相關性；陰影戰士與英雄之間有相似性。當陰影戰士設法站穩立場，抗拒女性壓倒性的力量時，會把英雄的青少年式不安全感、激烈的情緒化與急切，帶進成年時期；這種做法總是傾向於激起英雄功能失調陰影中的某個極端：被虐狂或懦夫。受制於陰影戰士兩極化影響下的男人，不確定自己理所當然的陽具力量，他仍然在對抗自己體驗中過度強勁的女性力量，也對抗著一切被認定是「軟趴趴的」和關係性的事物。就算他已經是成人，還是覺得嚇壞了，深怕自己會被女性力量吞噬。他對此急切的恐懼，導致他任意施暴。

我們不必看得太遠，就可以看到這個毀滅性的戰士在人生裡運作。悲哀的是，每次有一位老闆打壓、騷擾、不公平地開除下屬，或者以其他方式虐待下屬時，我們就必須承認它就在工作場所裡。從妻子被毆打與兒童被虐待的嚇人統計數字裡，我們也必須承認，虐待狂就在家裡。

雖然我們可能全都在某個時刻，容易受制於被虐狂戰士，還是有一種特定人格型態，照我們的說法是具備「極大量」這種能量。這種人格型態就是強迫型人格障礙（compulsive personality disorder）。強迫型人格是工作狂，總是長時間辛苦工作。他們有忍受痛苦的巨大能耐，而且通常會設法做完海量的工作。但驅策他們全年無休的力量，是深刻的焦慮，英雄的情急拚命。他們對於自己的真實價值，只有非常微小的掌握。他們不知道自己真正想要什麼、缺乏什麼、會願意擁有什麼。他們把人生花在「攻擊」每件事與每個人，包括工作、眼前的人生任務、自己與別人。在過程中，他們被虐待狂戰士給活活吞噬，很快就會「燃燒殆盡」。

我們全都知道這些人。他們是在別人早就回家以後，還留在辦公室的人。而當他們終於回家後，鮮少好好睡一覺。這些人是牧師、社工、治療師、醫生與律師，他們名符其實地日以繼夜工作，設法填補其他人身心的洞，為了「拯救」其他人而犧牲自己的人生。但在過程中，他們其實造成很多傷害，傷到他們自己，也傷到其他達不到他們那種不可能標準的人。當然，他們也達不到自己的標準，所以他們無情地虐待自己。如果你必須對自己承認，你其實沒有照顧自己、不關心自己的身心福祉，那麼陰影戰士非常有可能已經逮住了你。

如同我們已經提過的，從事某些專業的男人特別容易受到功能失調戰士能量的危害。軍人是明顯的例子。可能沒這麼明顯的是，革命分子與各種活動家也會落入陰影戰士的虐待狂極端。「我們會變成我們所憎恨的事物。」這句老話在此處也適用。這是個悲哀的事實：革命的領導者，包括政治、社會、經濟、公司或志工組織之內的小革命在內，一旦推翻了暴君與壓迫者（通常是透過暴力與恐怖主義），自己就變成了新的暴君與新的壓迫者。一九六〇年代，大家最常說的是，和平運動領袖就跟他們對抗的人一樣專橫、一樣暴力。

銷售人員與教師，還有其他已經引述過的專業人員，可能輕易就落入強迫性、自我驅策的工作狂模式。到最後，他們會崩壞。有一位汽車銷售員進入精神分析療程；他在業界成為頂尖銷售員多年，月復一月都奪冠，不只是在他的店裡，在整個區域也是。在巨大的自律與決心之下，他每個月拚命奮鬥，達到顛峰。然後有一天，他體內有什麼東西崩潰了。他感覺到一種漸進的內在耗損，還有一種逐漸增長的疲憊。而他常常談到覺得自己「燃燒殆盡了」。然後有一天早上，他起床時發現自己全身顫抖，一想到要去工作就覺得害怕。很快地，他就睡不著了。他開始在最不恰當的時刻，有壓倒性的衝動想要大哭。他逼自己繼續撐了幾個月。

但最後那一天終於來臨了：工作上的每一件事，包括汽車展示間、停車場、同事、顧客，似乎全都不真實得奇怪。他打電話給醫生，安排自己入院。虐待狂戰士壓倒了他。它把他活活吞噬了。此後不久，妻子離開了他，她所聲稱的理由有某種表面上的合理性：他對她不體貼。他開始做治療。在他的療程中，他發現自己的強迫性之中有自我毀滅的力量，也發現這股力量如何讓他與別人疏離。然後，他決心展開人生新頁。

無論是哪一種職業，如果在一個人身上施加巨大壓力，要他時時刻刻拿出最佳表現，就會讓我們容易受制於戰士的陰影系統。如果我們的內在架構不夠穩固，就會以在外界的表現來支撐自信。而且因為這種支撐的需求如此之大，會使我們的行為朝著強迫性的方向加劇。那個變得執著於「持續成功」的男人就已經失敗了。他急切地設法要壓抑內在的被虐狂，然而他已經展現出被虐狂與自我懲罰的行為。

被虐狂是戰士陰影的消極端，就是藏在虐待狂憤怒表現之下的「軟柿子」與「沙包」。男人害怕自己內在的懦夫是對的，就算他們沒有意識到要害怕自己的大男人外表。被虐狂把戰士能量投射到別人身上，並且導致一個男人感覺自己很無力。受到被虐狂控制的男人，無法在心理上捍衛自己；他容許別人（還有他自己）逼得他團團轉，超過了他能夠容忍且還保有自尊的限度，更顧不到他的身心健康。

所有人，不論我們是什麼身分，在生命中的任何區域裡，都可能受制於戰士的兩極化陰影之力。我們可能不知道要在何時結束一段不可能的關係、脫離一群朋友，或者一份讓人挫折的工作。我們全都知道那些常見說法，「見好就收」或者「學著減少損失」。有強迫型人格的人，無論看到什麼樣的危險徵兆，無論夢想如何不可能、敵人如何打不倒，都會更努力地工作，設法壓榨自己到底，到頭來看著自己的才能報廢。如果我們受制於被虐狂的力量之下，就會花太長久的時間忍受太多虐待，然後造成虐待狂式的口頭甚至肢體暴力大爆發。這種在原型陰影的積極與消極兩端之間的搖擺，是這些功能失調系統的特徵。

連結戰士能量

如果我們被戰士陰影的積極端控制，就會體驗到他的虐待狂形式。我們會虐待自己和他人。然而，如果我們感覺到自己與戰士之間沒有接觸，就會被他的消極端占據。我們會成為懦夫般的被虐狂。我們會做夢，卻無法毅然行動，讓夢想成真。我們會缺乏精力，心情沮喪。我們沒有能力忍受達到任何有價值的目標所必須承受的痛苦。

如果我們在學校裡，會無法完成作業，沒辦法寫完報告。如果我們在販售業，而且被指派到一個新區域去，就會坐在那裡瞪著地圖以及需要建立聯繫的所有名單，卻無法拿起電話開始打。我們會注視著眼前的任務，然後在開始以前就被打敗了。我們無法「躍入戰場」。

如果我們在政治界，會無法「正面」面對種種議題與公眾關心的事務，反而閃閃躲躲，設法要避免直接衝突。如果我們的工資過低，又認為公司有足夠的錢，且自己也確實配得上加薪，我們會開始沿著走廊走向老闆的辦公室，一路戒慎恐懼，在門前猶豫不決地停下來，然後又轉身離開。

如同我們對本書中描述過的所有原型所做的處理，我們全都需要自問的，不是我們**是否**被這些原型的陰影系統兩極中的某一端占據，而是我們**在哪些方面**沒能夠恰當取用這些能為我們所用的男性能量。

如果我們恰當地連結戰士能量，就會精力充沛、果決、有勇氣、有耐力、堅忍，並且忠於某種超越個人利益的更大之善。在此同時，我們需要其他成熟男性能量形式——國王、魔法師、愛人，來潛移默化戰士。如果我們以正確方式連結戰士，在態度「超然」的同時，也會溫暖、有同情心、懂得欣賞，又有生產力。我們會關照自己與他人。我們會好好戰鬥，以便讓世界變成一個對所有人和所有事物來說，都更美好、更讓人滿足的地方。我們作戰會是為了創造嶄新、正義與自由的事物。

3
魔法師

在電影《太空先鋒》中有一場絕妙的戲，高多．庫珀抵達澳大利亞內地的一個追蹤站，他要從這裡監控約翰．葛倫（John Glenn）的第一次軌道飛行。當他停在追蹤站前，踏出車子時，遇到了一群在那裡紮營的原住民。其中一個年輕人走上前來。高多問他：「你們是什麼人？」這個原住民回答：「我們是原住民。你是誰？」高多說：「我是個太空人。我飛到上面去，飛到月亮與星辰之間。」那年輕的原住民回答：「喔，你也是啊？看到那邊那個人了嗎？」他指向一個乾癟的老人，那老人坐在一把傘的陰影下，正瞇著眼睛望向遠方，就好像他正凝視著其他人看不到的某種現實。原住民青年解釋道：「他也知道。他也會飛。他知道。」

那天晚上稍後，當葛倫在人們頭上繞軌道飛行的時候，火花從磨損的隔熱盾上飛出來，同時原住民搭起一座巨大的篝火，揮舞著他們的吼板（bullroarer）[1]，讓篝火裡的火花飄向天空，加入了葛倫的太空艙冒出的火花（影片剪接造成了這樣的效果）。原住民魔法師靠著具共感性質的魔法，輸送隱形的能量，幫忙給予葛倫力量，並且幫助他走上他的路。

我們通常錯誤地認為，我們有大量的知識與驚人的科技，跟遠古祖先非常不同。但我們的知識與科技，源頭在於像老原住民那樣的男性心靈。他，以及所有像他那樣處於部落與古代社會的人，使用的是魔法師的能量。而且，是這種魔法師能量在驅策著現代文明。薩滿（Shamans）、印地安巫醫（medicine men）、巫師（wizard）、巫醫（witch doctors）、西班牙巫師（brujos）、發明家、科學家、醫生、律師、技師，無論他們生活在什麼樣的年代或文化裡，都取用同樣的男性能量模式。亞瑟王傳說裡的梅林（Merlin），建立了一個我們的科技、心理學與社會學仍在夢想的卡美洛，一個風調雨順、平等有秩序的社會、有愛與親密人際關係的祝福，並且承認有追求一個至高目標（在這個例子裡，就是聖杯）的需要。歐比王．肯諾比（Obi-Wan Kenobi）在《星際大戰》的冒險中，藉著結合他對於「原力」的知識與尖端科技的應用，設法指引他這個銀河系的復興。

無論何時何地，當我們碰到魔法師原型的能量時，它都有兩個層次。

魔法師是掌握知識的人，也是科技大師。此外，受到魔法師力量引導的人之所以能夠實現這些魔法師功能，有一部分就是靠他使用儀式性的啟蒙過程。他是引導內在與外在這兩方面轉變過程的「儀式長者」。

人類魔法師自己永遠都是一個初入門者，而他的任務之一，就是引其他人入門。但他在哪方面是初入門者呢？魔法師是各種祕密與隱藏知識的入門者。而且這是重點。所有需要特殊訓練才能取得的知識，都是魔法師能量的領域。無論你是受訓要變成專業電工，解開高電壓之謎的學徒；還是醫學院學生，日以繼夜焚膏繼晷，研究人體的奧祕，並且利用現有的科技來幫助你的病人；或者是未來的股票經紀人、研究複雜金融世界的學生，抑或是某所精神分析學校的受訓者；不管是哪一種，你都跟部落社會中的學徒薩滿或巫醫處於相同的位置。你耗費大量的時間、精力與金錢，以便開始進入祕密力量的精妙領域裡。你正在經歷艱苦的考驗，測試著你變成此道大師的能耐。而且就像所有啟蒙儀式一樣，不保證你會成功。

在整個歷史上，魔術師一直是一種在男性心靈中運作的普遍原型。在今日，現代男性在工作與個人生活裡也可以利用這個原型。

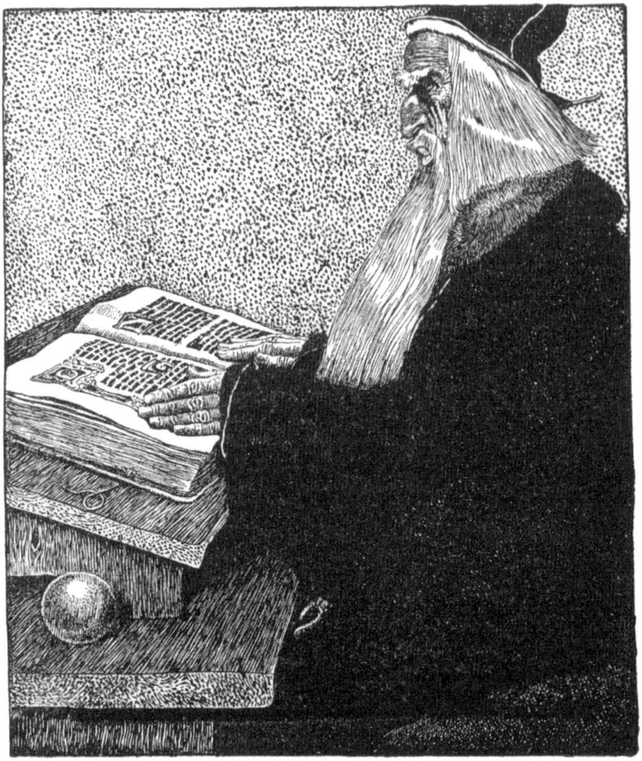

魔法師梅林

出處：By Howard Pyle - http://www.oldbookart.com/2008/08/25/howard-pyle-king-arthur-and-his-knights/, Public Domain, https://commons.wikimedia.org/w/index.php?curid=18494745

歷史背景

某些人類學家認為，在遠古時代，國王、戰士、魔法師與愛人的男性能量一度是密不可分的，有一個男人「酋長」以一種整體性的方式，展現出這些原型的所有功能。既然全部四種能量都在男性的自我之中，並且在其中達到平衡，也許酋長是部落裡唯一體驗到自己是個完整男性的人。儘管如此，在至今仍舊存在的原住民社會裡，這些男性能量已經有些區別了。有國王或酋長，有酋長的戰士，也有魔法師——聖人、巫醫、薩滿。不管他的頭銜是什麼，他的專長是知道某些其他人不知道的事情。舉例來說，他知道星辰運動、月相變化、太陽南北移動的祕密。他知道什麼時候種植、什麼時候收穫，或者來年春天何時獸群會抵達。他可以預測天氣。他具備對於醫療用藥草與毒藥的知識。他理解人類心靈隱藏的動力學，所以可以操縱其他人類為善或為惡。他是能夠有效祝福與詛咒的人。他了解看不見的靈魂世界——神聖世界（Divine World），還有人類與自然世界之間的連結。其他人會帶著自己的大小問題、痛處與身心疾病去找他。他是聆聽告解的人與祭司。他能夠想通對其他人來說沒那麼明顯的議題。他是先知與預言家，不只是能預測未來，還能看得很深入。

當然，這種祕密知識給魔術師極大量的權力。而且因為他對於自然界、個人與社會、諸神（深層無意識力量）的能量流動動力學與模式，都具備知識，他是個控制與輸送力量的大師。

底格里斯河與幼發拉底河沿岸，還有埃及尼羅河畔的魔法師，創造出我們所知的文明。是他們發明了書面語言的祕密，發現了數學、工程學、天文學和法律。法老王的宮廷裡有《聖經》裡所說的巫師，可以向他們諮詢所有事務。傳奇性的埃及魔法師印何闐（約西元前兩千八百年），據信在醫藥、工程學與其他科學方面做出重大發現。他設計並建造了第一座大金字塔——左賽爾階梯金字塔（Stepped Pyramid of Pharaoh Djoser）。他是那個時代的愛因斯坦與沙克（Jonas Salk）[2]。

魔術師的洞見不僅深入自然界，也深入人類；他所擁有的知識其中一個面向是，他有能力削弱人的自負，特別是國王，但任何重要公共事務的長官也都包括在內。一個男人身上的魔法師原型，就是他的「屁話偵測器」；它會看穿偽裝並進行識別。在邪惡偽裝成善良（這種事情常常發生）的時候，他看得出來它實際上是什麼、出現在哪裡。在古代，當一位國王被憤怒情感占據，並且想要懲罰一個拒絕繳稅的村落時，魔法師會以慎重合理的思維或穿透力強的邏輯，讓國王從狂暴的情緒中釋放，重新喚醒國王的良知與良識。實效上來說，宮廷魔法師就是國王的心理治療師。

大衛王的魔法師，先知拿單，不只一次為他進行這種心理治療服務。不過最戲劇化的是拔示巴事件，我們先前已經提過。在大衛對拔示巴為所欲為，又讓她丈夫烏利亞被殺以後，拿單靜靜地來到大衛的覲見室，站在他面前。拿單告訴大衛一個故事。他說，很久以前，有兩個男人，一個富有、一個貧窮。富有的男人有許多綿羊。貧窮的男人只有一隻小羔羊。有一天，一個旅人來拜訪富人，富人不得不給他一頓豐盛的大餐。他沒屠宰自己的某隻羊，反而去了窮人家，奪走他的小羔羊並殺掉牠，然後用來煮了一頓大餐。大衛在暴怒之下聲稱，做出這種事情的人該死。拿單回答：「你就是那個男人。」大衛悔悟了。後來他就變得沒那麼自大了。

亞瑟王的魔法師梅林，對亞瑟的功能也差不多。梅林幫助亞瑟把事情想得更清楚，過程中有時還會卸掉亞瑟的自負傲氣。在音樂劇《卡美洛》（*Camelot*），還有該劇的藍本——T．H．懷特（T. H. White）的傑作《永恆之王》（*The Once and Future King*）裡，梅林經常引導亞瑟，而且在實質上設法啟發他以恰當的方式取用國王能量。結果是亞瑟的男性成熟度成長得越來越飽滿，同時變成了更好的國王。

在晚近的古代，有個運動稱為諾斯底主義（Gnosticism），它從古希臘神祕宗教中出現，並且由早期基督教賦予新生命。「Gnosis」這個字在希臘語中，是深層心理或性靈層次上的「知道」。諾斯底主義者是人類精神內在深度與宇宙隱藏動力的理解者。他們其實是原初的深層心理學家。他們教導新入門者如何發現自己的無意識動機與驅力，如何自行穿透人類妄想出來的變幻莫測的黑暗，還有最後如何與深藏於內部的「中心」合而為一。這種諾斯底主義專注於洞見與自我知識，在絕大多數早期基督徒之間並不受歡迎，還被天主教教會迫害到絕跡。無論要取得哪一種知識，都是困難痛苦的工作，大多數人絕對不想去做，尤其是關於心靈的隱藏運作方式的知識。

然而，儘管早期基督徒迫害魔法師階級，魔法師原型卻不可能被趕走；沒有一種本能性的心靈能量能被驅逐。祕密知識的傳統在中世紀歐洲以「鍊金術」的面貌重新浮上檯面。大多數人知道，鍊金術在某個層次上是嘗試從普通原料中提煉出金子。在這個層次上，鍊金術是注定失敗的。但大多數人沒有領悟到的是，鍊金術也是一種性靈上的技術，幫助鍊金術士自己達成洞見、自我覺察，還有個人的轉變；也就是說，開始進入更成熟的層次。

現代科學的誕生，有很大部分要歸功於鍊金術，在化學與物理科學這方面肯定如此。領悟到這一點是很有意思的：我們的現代科學就像古代魔法師的工作一樣，也區分成兩個面向。第一個面向是「理論科學」，是魔法師能量的**認識**（knowing）面向。第二個面向是「應用科學」，是魔法師能量的**技術**（technological）面向，如何容納（contain）並輸送力量的應用知識。

我們相信，我們的時代是魔法師的年代，因為這是一個技術年代。至少從魔法師理解自然、有力量控制自然的物質主義關懷來看，這是個魔法師年代。但從非物質的、心理學的，或者性靈啟蒙過程這些方面來看，魔法師能量似乎供不應求。我們已經提過，可以啟蒙男人進入更深層、更成熟男性身分認同的儀式長者缺席了。雖然技術學校與公會、專業協會，以及其他表現魔法師能量的機構，在物質世界裡很興盛，並且為那些尋求成為這種「大師」的人提供啟蒙，但魔法師能量在個人成長與轉型的領域裡，卻沒有發展得這麼好。如同我們已經說過的，我們的年代是個人與性別認同混亂的年代。而混亂一直都是在某些重要的生命領域中，不當取用魔法師能量的結果。

有兩種科學——次原子物理學與深層心理學，仍然以整體論的方式，做著古代魔法師的工作：把魔法師能量的物質與心理面向整合在一起。這兩種科學都設法要去了解並至少部分掌控古代人已深入探究的那種隱藏能量泉源。

曾有人說過，現代次原子物理學在達到類似印度教與道教的那種直覺性洞見時，看起來非常像是東方神祕主義。這種新物理學，正在發掘我們看似紮實的感官知覺巨觀世界之下的微觀世界。那個看不到的次原子粒子世界，非常不同於在常態下體驗到的巨觀世界。在這個隱藏於事物表面之下的世界裡，現實確實變得非常奇怪。

粒子與波，在巨觀世界裡的性質天差地別，在微觀世界裡卻是同一種東西。一顆「粒子」可以在同時出現在兩個不同的地方，卻沒有被分開過。物質失去它的「固體性」（solidity），而且似乎像是集結起來的能量節點，在或多或少顯得短暫的時段裡，集中在有局限性的地點上。能量本身似乎是從隱藏得更深的網格狀真空空間中出現，而這樣的真空空間無法再被看成是「什麼都沒有」了。粒子則是出於這種底層的能量場，就像是海洋中的波浪，只會再度消退或「崩潰」（decay），回歸它們原本的出處，也就是一片虛無。

關於時間的問題出現了：時間是什麼，它往什麼方向去？它會逆轉嗎？某些種類的次原子粒子會在時間裡逆行，然後倒轉它們的方向，再度在我們的時間裡移動嗎？宇宙的源頭是什麼，它的最終命運又是什麼？在這些新發現與新問題的啟發下，老問題也再度浮現了。存在與不存在的本質是什麼？數學預測到的其他維度實際上存在嗎？它們可能會以什麼樣的方式等同於古代宗教所謂的其他「層次」或「世界」？物理學家進入了真正隱藏祕密知識的領域裡。而他們在一個看起來非常像是古代魔法師世界的思維世界裡行動。

對於深層心理學來說，同樣的道理也為真。榮格製作第一批無意識地圖時，很驚訝地注意到他發現的能量流和人類精神中的原型模式，與普朗克（Max Planck）及其他人的量子物理學之間的相似性。榮格領悟到他誤打誤撞進入一個現代人普遍忽略的廣大世界，這個世界裡的鮮活意象與象徵起起落落，就像似乎解釋了我們這個物質宇宙的能量波一樣。這些原型實體，隱藏在集體無意識的深度真空中，對於我們的思維感受、習慣性的行為與反應模式，還有人格巨觀世界來說，似乎是基礎建材。對榮格而言，這種集體無意識看起來非常像是次原子物理學家的隱形能量場，而且在榮格眼中，兩者看起來都非常像是諾斯底主義者描述中神祕而潛藏的「普蕾洛瑪」（pleroma）[3]。

現代物理學與深層心理學這兩方的結論，都是「事物並非表面上所見的那個樣子」。我們體驗中的常態現實——自己與自然的常態現實，只是從無底深淵中冒出的冰山一角。這種隱藏領域的知識是魔術師的管轄範圍，而且是透過魔法師能量，我們才會以西方歷史至少有一千年不曾夢想過的深度，去理解我們的生命。

有些跡象顯示，榮格自視為一位魔法師。有一次別人問他是否信神，他用真正的諾斯底方式回答：「我不是信神；我知道神。」他的某些最早期追隨者說過，他傳授給他們的奧祕是不可能揭露的，除非揭露對象是經過啟發，進入最高或最深精神覺察層次的人。

這不是故作高深的胡言亂語。每位分析師都知道，他或她必須小心在某一刻要對一位被分析者揭露多少事情。無意識能量的力量如此巨大，以至於如果它們沒有受到掌控、容納與輸送，不是在正確時機以正確分量取用，它們可能會把自我結構炸成碎片。有太多力量，卻沒有適當的「變壓器」與正確數量的「絕緣體」來容納它，就會讓被分析者的電路過載，把他毀掉。揭露祕密資訊時必須斟酌分配，因為當初這種資訊在自我面前會被藏起來，是有理由的。

魔術師原型的心理與性靈知識，還有能量的輸送，都在現代世界的另一個領域復甦了。這是所謂的異教領域。有許多來自各行各業的儀式魔法師，如銀行家、電腦工程師、家庭主婦、化學工程師等，像其他人一樣做著「日間」工作，然後休息時（大半在晚間）轉向他們**真正**的工作，在其中尋求進入「更高層次」的啟蒙。他們接觸所謂的「實體」，教導他們如何看得更深，以及如何使用那些變得能被他們所用的力量來為善或為惡。

這些人就像古代的魔法師一樣，關注祕密智慧與力量的知識，還有容納力量的技術問題知識（通常是透過「魔法圈」的絕緣效果，還有召喚與驅逐），以及輸送力量的知識（通常是透過使用眾所周知的「魔杖」）。

對於所有的儀式過程，以及任何一種能量的所有深刻理解與控制，「神聖」空間的議題都會出現。神聖空間是生猛自然力量的容器，是用來隔離被吸收的能量，然後加以輸送的「降壓變壓器」。它是核能電廠裡的反應爐防護盾。它是教堂裡的聖殿。它是頌歌與普通的祈禱詞，是祈願與祝福，被用來召喚神聖力量，然後保護信徒避開它生猛的強度，同時又提供他們利用這股力量的管道。

關於這種容納與神聖空間的議題，《聖經》裡有個引人入勝的故事。大衛王與他的軍隊曾經從非利士人那裡重新取得法櫃（Ark of Covenant，又稱「約櫃」）——雅威之力的一種可攜式「發電站」。他們要把法櫃搬回耶路撒冷，途中負責拉車載送法櫃的公牛絆倒了。法櫃開始翻覆。一名走在牛車旁邊的士兵，本能地伸手碰了法櫃，要把它扶穩。但他立刻被殺死，因為只有受過訓練，知道怎麼處理神力「反應爐心」的僧侶（魔法師）才能夠觸碰約櫃。他們知道絕緣的祕密；他們知道如何在人間容納並輸送雅威的力量。那不幸的士兵儘管是一片好意，卻不知道這件事。

在電影《法櫃奇兵》（*Raiders of the Lost Ark*）裡，我們看到法櫃發電力這個主題的現代詮釋。印第安納．瓊斯（Indiana Jones）跟納粹競速，要先找到法櫃，然後運用這個古代「科技」的巨大力量。納粹先得到了。在電影中有個絕妙的場景：納粹指揮官披著儀式性的服裝，吟詠著儀式性的召喚咒語，要啟動法櫃的力量。他把開關扳到「開」的位置。但他顯然不是個魔法師。因為他啟動了法櫃以後，不知道怎麼容納他釋出的這股力量。他找不到「關」在哪裡。雅威的力量被釋放了，然而身為知情者與技師的魔法師卻不在場，這股力量就把納粹軍隊化為原子。

同樣的主題出現在迪士尼電影《夢幻曲》（*Fantasia*）的某一段裡。魔法師的學徒米老鼠，被吩咐要做的工作是替他的導師——魔法師的工作室拖地。他沒有用傳統方式埋頭苦幹做這個工作，反而決定利用魔力。他讓抹布與水桶活過來，起初一切進行得很好。但接著他釋出的力量失控了。畢竟他只是個學徒，不知道怎麼收納他發動的能量。抹布與水桶開始倍增。場面變得很瘋狂，因為不幸的米老鼠找不到正確的字眼來停止這種魔力大爆發。抹布與水桶一直把水倒進房間裡，到最後學徒米老鼠被高漲的潮水沖走，有被溺死的危險了。直到魔法師回來，才化解了危機。

在次原子物理學中，十分常見的狀況是，我們很晚才發現自己對於容納控制的知識與技術是不恰當的。發生在蘇俄車諾比的災難，是最戲劇性也最不幸的例子。

同樣的事情也會發生在心理治療中。常見的是，一位沒有經過適當啟蒙、自己也不夠熟練的治療師（在某些重要的面向上仍然是「學徒」），在被分析者身上，釋放出他們無法容納的力量。容納的議題在團體治療脈絡中一再出現，特別是在一九六〇與一九七〇年代的「會心團體」（encounter group）中。太常見的狀況是，無論是團體參與者或團體領導者，都沒有真正理解可能被釋放的力量。領導者在心理動力學

（psychological dynamics）上，既沒有知識，也沒有技術熟練度可以控制這個過程。這個團體會因此變得負面，並發生「核心熔毀」，首先是個人，然後是整個團體。

同樣的事情不時發生在搖滾演唱會裡。音樂家召喚出觀眾的侵略性與爆炸性情緒，然後，如果他們對於魔法師能量的利用不夠好，就無法容納並輸送這股能量。觀眾會變得暴力，可能會在音樂廳裡暴走，甚至在毀滅的狂歡中衝到外面的街道上。

完整的魔法師

對男人來說，追尋個人的幸福，尋求改善心愛之人、公司、理想、民族、國家與世界的生活，這一切意謂著什麼？成熟男性的魔法師能量，在我們的日常生活中執行什麼功能？

魔法師能量主要是覺察與洞見的原型，但也是任何非直接明顯或非常識性知識的原型。這種原型掌管心理學裡所謂的「觀察性自我」（the observing Ego）。

雖然有時在深層心理學中，會假定自我的重要性低於無意識，事實上，自我對於我們的生存卻很必要。只有在自我被另一種能量形式，如一個原型或者一個「複合體」（一個原型的碎片，像是暴君），所控制、等同且膨脹的時候，它才會故障。自我的恰當角色是退到後面觀察，掃視整個地平面，監看來自外界與內在兩方面的資訊，然後從它的智慧之中，根據它對內外在力量的知識，還有它在輸送力量方面的技術性能力，再做出必要的人生決定。

當觀察性自我與男性的自性（masculine Self）沿著一條「自我—自性軸線」（Ego-Self axis）對齊的時候，觀察性自我會受到啟發，進入這個自性的祕密智慧之中。在某種意義上說，觀察性自我是男性自性的僕人。但在另一個意義上，它是這種自性力量的領導者與輸送者。所以，觀察性自我在整體人格中是十分重要的影響因素。

觀察性自我與日常事件、感受和經驗的一般性流動，是分離開來的。在某種意義上說，觀察性自我並不過生活。它注視著生活，而且在正確時機做正確的事，以便在需要時取用能量之流。它就像是水力發電水壩的操作員：操作員盯著測量儀器和電腦螢幕，注意水壩表面逐漸增加的壓力，然後決定是否要透過水門排水。

與觀察性自我合作的魔法師原型，讓我們與其他原型的壓倒性力量保持絕緣。它是每個人身上的數學家與工程師，負責規範心靈整體的生活功能。它知道心靈內在動力的巨大力量，也知道怎麼輸送這些力量以獲得最大利益。它知道內在「太陽」讓人難以置信的力量，也知道如何輸送太陽的能量以獲得最大利益。魔法師模式為了我們個人生命的益處，規範了各種原型的內在能量流動。

許多人類魔法師，無論從事哪種專業或者有哪種身分（神祕學的術士也包括在內），是有意識地為了他人和自己的益處，而運用知識與技術能力。醫生、律師、教士、企業執行長、水電工、研究科學家、心理學家等人，在恰如其分地取用魔法師能量時，就是在設法把生猛原始的力量，轉化成對他人有利的事物。對於帶著沙鈴、護身符、藥草與咒語的巫醫和薩滿來說，確實如此。而對於正在為我們最致命的疾病尋求治癒方法的醫學研究技師來說，也同樣為真。

魔法師能量在戰士原型裡的表現形式，是他的思維清晰度，我們之前已經討論過。魔法師並沒有採取行動的能力。那是戰士的專長。不過他確實有思維的能力。在日常生活裡，每當我們面對看似不可能的決定時，例如：在困難繁複的政治考量下，決定該拔擢誰；如何處理兒子在學校缺乏成就動機的問題；怎麼設計一棟特定的住宅，以便同時迎合客戶的特定需求與都市規章；在看出一位接受精神分析者朝著危機發展時，要對他揭露多少夢境的意義；甚至是如何在緊繃的財務環境下編列預算。每當我們在細心又有洞察力的考量下，做這些事情、下這些決定的時候，就是在利用魔法師。

所以，魔法師是深思熟慮與反省的原型，也是內省的能量。我們所謂的內省，意思不是（內向的）害羞或膽怯，而是有能力從內在與外在風暴中抽離，連結深層內在的真相與資源。在這種意義上，內省者比大多數人更常生活在他們的核心之中。輔助自我－自性軸線成形的魔法師能量，在穩定性、中心性與情緒超然方面是無可動搖的。它不容易任人擺布。

魔法師通常在危機中上線。有一位中年男子向我們描述他在最近一次車禍中發生的事。那時是冬天，他正要從一座山丘上下來。他前方有一輛車在山腳的停車標誌前停下。突然間，他在正常的煞車程序中，撞上一片冰塊。他的煞車鎖死了，而車子像火箭似地衝下山丘。在車子筆直滑向另一輛車的後保險桿時，他覺得很驚慌。然後某種驚人的事情發生了：一陣意識轉換。突然之間，一切似乎以慢動作移動。這位男子覺得冷靜而穩定。他現在有「時間」可以整理剩下的少數幾種選擇。就好像他被一部電腦接管了，體內有某個其他種類的智能在運作。然後，內在有個「聲音」叫他放掉煞車踏板，再踩幾次，然後盡可能把方向盤往右邊轉。這樣他會以某個傾斜角度撞到下方的車子，把衝擊降到最低，然後或多或少毫髮無傷地停在路邊覆蓋著雪的柔軟路堤前。這位男子成功執行了這個策略。

我們認為他所描述的狀況，就是突然間取用了魔法師能量，這種能量具備了對各種可能結果的超然「知識」，並且理解（容納與輸送的）種種作用力的運作路線，可以透過技術上的熟練性，來幫助他在不利的狀況下，盡可能得到最好的結果。

如果我們稍微思考一下，以內在智慧與技術純熟度為基礎的清晰細膩思維，能有助益的所有人生領域，那麼我們就會領悟自己有需要恰當地利用魔法師。

在艱難的處境下，人常常被吸引到某種可以被稱為「神聖」的時空架構裡，因為這種空間跟我們在常態下體驗到的時空非常不同。前述例子裡的駕駛，突然發現自己處於一個內在的時空裡（他描述中的慢動作效果），這個時空與他的驚慌和恐懼大不相同。這個「神聖」空間，是受到魔術師指引的人所熟知的東西。這些男人可能實際上刻意讓自己進入那個「空間」，很像是畫出魔法圈、唸出咒語的儀式魔法師。他們進入這個空間的方法，是聆聽某些音樂作品、培養某個嗜好、在樹林裡長時間散步、冥想某些主題與心像，此外還有許多其他方式。當他們進入這個內在神聖空間的時候，可以接觸到魔法師；可以從內在空間中看見他們對於一個問題需要做些什麼，也知道該怎麼做。

我們相信魔法師在歷史上，還有在今日男性之間現身的許多方式，只是某個一度完整的圖像的片段。男性之中的原初魔法師，最完整地出現在人類學家指稱的薩滿身上。傳統社會中的薩滿是治療者、恢復生命之人，他們找到失落的靈魂，而且發現造成不幸的隱藏原因。他是能同時恢復個人與社會完整充實性的人。說真的，今日的魔法師能量仍然有同樣的終極目標。魔法師，還有身為魔法師最完整人類容器的薩滿，目標在於透過充滿同情心地應用知識與科技，達成所有事物的完滿存在。

陰影魔法師：操縱者與不斷否認的「純真」之人

魔法師原型雖然積極正面，但它就像其他形式的成熟男性能量潛能，也有陰影面。如果我們的年代是魔法師的年代，那麼它也是兩極化陰影魔法師的年代。我們需要思考的，不只是有毒廢料破壞這顆星球環境所造成的大量問題。隨著臭氧層出現破洞，海洋把我們的垃圾扔回來，野生動物衰亡（許多物種完全絕滅），巴西雨林被砍伐也不只破壞了巴西生態，更對地球產生足夠氧氣以維持大多數生命形式的能力造成威脅，魔法師學徒的「拖把與水桶」正在激增。在二次世界大戰最黑暗的日子裡，陰影魔法師不只是交給我們死亡集中營的科技，也把現在仍舊高掛在所有人頭頂的末日武器交給我們。控制自然的熟練技術——魔法師的專門功能——失去控制，而且有了難以預料的後果，我們已經開始感覺到了。在宣傳部門、受到控制的媒體簡報、被審查過的新聞，還有經過人為操弄的政治集會背後，隱藏的是身為操縱者的魔法師。

在某種特殊的意義上，陰影魔法師的積極端是一個「力量陰影」。一個處於這種陰影下的男人不會像魔法師那樣引導其他人；他用別人看不出來的方式指引他們。他的興趣不在於透過授與學位（讓他們可以整合並掌握的學位）的方式來啟迪他人，讓他們進入更好、更快樂、更滿足的人生。操縱者反而藉著保留他人為了自身福祉可能需要的資訊，來操縱其他人。對於他確實給予的少量資訊，收取大量報酬，而他給出的資訊通常只足夠展現他的優越性與大量學識。陰影魔法師不只是情緒疏離，也很殘酷。

遺憾的是，這種人的一個好例子可以見於研究所中。有些研究生聰明、有天分又勤勞，把他們跟教授之間的陰影魔法師經驗告訴我們。這些男人沒有恰當取用魔法師能量，也沒有擔任指引者，帶這些年輕人進入先進研究的奧祕領域，反而習慣性地攻擊學生，設法摧毀他們的熱忱。不幸的是，這種場景在所有層級的教育機構裡都太常重複發生了，從幼稚園到醫學院，從高中到商業學校都有。

許多參與現代醫學的男性，也都展現出這種力量陰影。眾所周知的是，醫學界最賺錢的是專科醫生，他們是罕見知識領域中的入門者。毫無疑問，有許多醫學專家對於病患的福祉有真誠的興趣。但許多這些專家不會告訴病人關於病情的重要細節。尤其是在腫瘤科領域，醫生們照慣例不釋出能讓病人為自己與家人做好準備，以面對隨後的治療之苦與死亡可能性的重大資訊。而且，高漲的醫療費用，尤其是特異的設備與治療程序，證實了這種貪婪不只是針對權力（祕密知識給擁有者的那種權力），也是針對被操縱者控制的男人為之屈膝的那種世俗財富。這些男性首先是為了自己的目的使用祕密知識，如果真的還有其次，才會輪到造福其他人。

法律和法律訴訟程序及文件的密碼語言，無論本來可能有什麼別的意圖，但其日益增加的複雜性，顯然對一般大眾宣稱：「我們這些法律專業人士，有管道使用這些可能成就你們，或者毀滅你們的隱藏知識。而在我們為了自己的服務向你們要求一筆巨額費用以後，你可能會、也可能不會受惠於我們的魔法。」

同樣太過常見的是，在諮商室裡，治療師會保留客戶好轉所需要的資訊，而且會委婉地（或者不那麼委婉地）跟客戶溝通。「我是偉大智慧與祕密知識（你康復所需的那種智慧與知識）的守護者。我擁有它。你就設法從我這裡拿到它吧。順便一提，出去的時候把你的支票留給我的祕書。」

為了自我膨脹的目的而有所保留與祕密行事，這種事在「麥迪遜大道」（Madison Avenue）上也看得到。廣告商對公眾心靈做出大規模的操縱，用以餵養雇用他們的公司的貪婪，還有對地位的追求，甚至到了直接撒謊的程度；他們對於真誠相互關係的領域，展現出一種犬儒式的超然疏離，在每一方面都跟極權主義政府宣傳部門所做的任何事情一樣，有毀滅性又自私自利。這些騙徒藉著有技巧地運用訴諸於人類同胞內在傷口的圖像與象徵，讓黑魔法術士、邪惡法師與巫毒巫醫的珠子沙沙作響，或揮舞著他們的羽毛。

受制於操縱者力量的男人，不只是以對人類價值世界的犬儒式疏離，還有下意識的操縱技術，來傷害他人；他也會傷害到自己。這是一個想太多的男人，與自己的人生保持距離，從不去過生活。他所做的種種決定會有的好處與壞處，形成一個羅網，讓他被困在裡面，他迷失在由反省的曲徑構成的迷宮之中，無法自行掙脫。他害怕活著，害怕「躍入戰場」。他只能坐在石頭上思考。年年歲歲過去了。他納悶地想著時間去了哪裡。到最後，他後悔過了貧瘠的一生。他是個偷窺狂，一個坐在扶手椅上的冒險家。在學術的世界裡，他是拘泥於瑣碎細節的人。因為他害怕做錯決定，最後什麼決定也沒有做。因為他害怕活著，也無法參與其他人在他們活過的人生裡，體驗到的喜悅與樂趣。如果他對其他人有所保留，不分享他知道的事情，到最後會覺得孤立而寂寞。等事情發展到這個程度，他把自己跟其他人類在生活相關性上徹底切割，以他（無論在哪個領域）的知識與技術，（無論以哪種方式）來傷害他人時，就已經切掉了自己的靈魂。

幾年前有個《陰陽魔界》（*Twilight Zone*）影集的故事，講的是一個以這種方式被陰影魔法師控制的男人。這個男人熱愛閱讀，而且相信自己比人類同胞優越。其他人企圖認識他、要他分享相當淵博的知識時，被他回絕了。有一天，爆發了一場核戰，這個男人是地球上活著的最後一個人。這個發展並沒有讓他傷心欲絕，反而讓他興高采烈地匆忙趕到最近的圖書館去。他在那裡發現建築物成了廢墟，數千本書散落在地上。在極大的喜悅中，他彎下腰去看第一堆書，而他的眼鏡掉到瓦礫堆裡了。鏡片摔得粉碎。

每次我們在所知的事物能幫助他人的時候，卻疏離、缺乏連結並有所保留；每次我們利用自己的知識做為藐視並控制他人的武器，或者犧牲別人來支撐我們的地位與財富，就是認同了身為操縱者的陰影魔法師。我們在施展黑魔法，損害了自己，以及可能從我們的智慧中獲益的那些人。

魔法師陰影的消極端是所謂的天真者，或者「純真」之人。「純真」之人是早熟小孩的陰影消極端「傻瓜」，從童年進入成年後的餘緒。被「純真」之人占據的男人，想要擁有傳統上會來到魔法師手上的權力與地位，至少是在社會認可的領域內如此。但他不想負擔真正的魔法師要負的責任。他不想分享與教學。他不想要承擔小心翼翼、按部就班（這是每一種啟蒙的必要部分）幫助他人的任務。他不想要當神聖空間的管理者。他不想認識自己，而且肯定不想做出必要的重大努力，好讓自己變得擅長以建設性的方式容納並輸送力量。他只想學習到剛好足以妨礙**正在**進行有價值努力的那些人就好。當他在抗議自己隱藏能力的動機很清白的時候，這個被「純真」之人所控制，做人「太好」以致無法自行做出任何真正努力的男人，阻礙了其他人，並且設法讓他們垮臺。「詐騙家」玩他的把戲時，有一部分是為了揭露真相，但「純真」之人卻**隱藏**真相，目的是為了達成並維持自己岌岌可危的地位。詐騙家的目的是出於必要而壓下我們的浮誇氣焰，然而陰影魔法師，無論是操縱者還是「純真」之人，都在非但沒有必要，甚至還會有傷害的狀況下，致力於讓我們洩氣。

「純真」之人潛藏的動機，來自於嫉妒那些在行動、過生活、有事情想分享的人。因為被「純真」之人控制的男人是嫉妒生命的，也害怕他人會發現他缺乏生命能量，然後把他從非常不穩定的高臺上推落。他的超然，還有「令人印象深刻的行為」、讓別人洩氣的評論、對於疑問的敵意，甚至是累積出來的專業能力，全都是設計出來掩蓋他真正的內在荒蕪，隱藏他實際上毫無生命力，對世界毫不負責任。

被「純真」之人控制的男人，同時犯下了「蓄犯之罪」（sins of commission）與「疏忽之罪」（sins of omission）[4]，卻把有敵意的動機藏在裝出來的天真所打造的銅牆鐵壁後面。這樣的男人滑溜又虛幻。他們不讓我們直接用自己的戰士能量與他們短兵相接。他們迴避我們直接跟他們交鋒的嘗試，誘使我們沒完沒了地質疑自己對他們的行為產生的直覺判斷，藉此讓我們失去平衡。如果我們挑戰他們的「純真」，他們通常會有的反應是裝出可憐兮兮的訝異不解模樣，讓我們承受後果。我們甚至可能因此自覺羞愧，責備自己竟然把卑劣的動機歸諸於他們，然後做出結論：我們一定是太偏執了。但我們躲不開一種不自在的感覺：我們是被操縱了。而在這種感受之中，我們會偵測到「純真」煙幕的背後，有魔法師陰影的**積極**端。

連結魔法師能量

如果我們被操縱者控制，就會處於魔法師的力量陰影掌控之下。如果我們自覺跟完整的魔法師失去聯繫了，就會被困在其陰影中不誠實與否認的消極端。在這個例子裡，我們對於自己的內在結構、自己的冷靜與頭腦清楚程度，不會太有感覺。我們不會有內在安全感，也不會覺得可以信任自己的思考過程。我們將無法抽離於自己的情緒與問題之外。我們很有可能體驗到內在的混亂，而且容易受到外界的壓力傷害，這些壓力會從許多不同方向拉扯著我們。我們會以消極抵抗的方式對待其他人，卻聲稱沒有任何不良意圖。

身為一名顧問或治療師，最難的事情之一，就是讓客戶把他們的自我跟情緒分離開來，同時又不壓抑情緒。有一個很好的心理練習，有助於做到這一點：這個練習稱為**澄心聚焦**（focusing），原創者是尤金・簡德林（Eugene Gendlin）。我們要求客戶在感覺到強烈情緒（強烈的恐懼、嫉妒、憤怒、絕望）要開始時，就在一張「觀察」椅上坐下來，然後在這些情緒冒出來的時候，想像把它們堆在房間中央。每個情緒都應該被小心地擺在情緒堆上，然後我們可以坐著往後靠，注視著那種感受的顏色、形狀，還有情緒調性的細微之處。我們要求客戶注視著他們的感受，不是批判或貶低這些感受，反而是去觀察它們。「喔，你又出現啦！你看起來就是這個樣子啊！」如果這些感受是在房間的中央，在自我可以看到的地方，它們就不是被壓抑的了。然後，在這些感受的力量過去之後，我們會要求客戶排除它們。

這個練習是要幫助客戶強化他與魔法師能量的連結。是魔法師在觀察並思考。是魔法師讓自我意識能夠把感受擺成有秩序的一堆。因此，情緒能量能夠被容納，並在最後失去它們的力量。最後，經過強化的自我或許就能夠把這種原始的情緒能量，轉化成有用且豐富人生的自我表達形式。

還有另一個練習能幫助一位年輕男性取用魔法師能量。這個年輕人幾乎每天晚上都被有龍捲風襲擊的夢境驚嚇。夢中，當他蜷縮在童年家中後院的一棵樹下時，巨大黑暗的漏斗雲會直接衝著他來。他根本不知道這有什麼意義。在治療過程中，他開始領悟到自己的無意識透過這些龍捲風夢境，在向他描繪童年時的憤怒。他父母是酗酒者，而他當時被迫負責管理家務，還要照顧他們。不只如此，他還一再被某位叔叔性侵。他的童年怒火很巨大，而現在這股憤怒自動展現在夢境的暴戾之氣裡。在這位年輕男子的內在鄉野中肆虐又無可控制的風暴，正在把他的專業與個人生活撕成碎片。他深深陷入憂鬱中。

因為這個年輕人算是藝術家，治療師便建議他畫出龍捲風。隨後他要畫出龍捲風被放在以鉛板屏障的容器中，這樣他的憤怒就只會像發電機裡的線圈一樣不斷地打轉。接下來，他則要畫出從容器中伸出來，通往街燈、房屋、工廠等所有需要這股能量之物的電線和變壓器。

這位年輕男子一這麼做，生活就開始改變了。他找出力量去辭掉工作。他總是想在兒童劇院裡工作。突然間，這種類型的工作機會幾乎是憑空開始出現。他原始的童年怒火巨大能量，現在得到容納，並且被輸送到他現有生活的「燈火」與「工廠」裡，對於他的新生活方式有發電廠般的作用。他狂野混亂的憤怒所造成的「黑魔法」，現在成了「電力」的「白魔法」，「照亮」了他的生活。

治療師藉著建議客戶畫圖所做到的事情，是讓客戶能夠汲取完整的魔法師能量，以便容納並輸送原始的情緒。如果我們恰當地連結魔法師能量，將能夠對專業與個人生活，加上一層對自己和他人都很有遠見、有深刻理解與反省的面向，也會增加對於外在運作和精神力量的內在處理的技術性能力。在我們連結魔法師的時候，需要用其他三種成熟男性模式的原型來規範這個能量。如同我們建議過的，沒有一個原型能獨自運作良好；我們需要把國王對育成創造與寬容慷慨的關懷、戰士毅然採取行動的能力與勇氣，還有愛人對於所有事物深刻而有堅定信念的連結感，與魔法師混合在一起。接著，我們就會為了人類，或許也為了整顆星球的益處，而利用對於能量流的知識、容納能力與輸送能力。

譯注

1 吼板（bullroarer）：吼板是一種固定在長繩末端、旋轉時能發出低沉嗡嗡聲的板子，澳洲原住民經常使用。

2 沙克（Jonas Salk,1914-1995）：第一個研發出小兒痲痺疫苗的醫生。

3 普蕾洛瑪（pleroma）：這是諾斯底主義使用的名詞，希臘文原意是「豐盛」，指的是整體的神聖力量。

4 蓄犯之罪（sins of commission）、疏忽之罪（sins of omission）：這是基督教裡的分野，「蓄犯之罪」是明知道是非對錯的標準，卻還是刻意犯罪；「疏忽之罪」則是因為不夠理解是非對錯的標準，或者因為疏忽懶惰而犯罪。

4

愛人

象島石窟（Elephanta Caves）位於阿拉伯海的一座島嶼上，就在印度孟買海岸之外，甚至從遠處看也是壯觀的景象。這些石窟是印第安納・瓊斯系列電影中聲名大噪的「魔宮」原始範本。它們座落在陡峭、有大量森林覆蓋的山腰上，一路延伸到水邊。猴子在灌木叢裡蹦蹦跳跳，並且在樹頂之間晃蕩、呼吼、尖叫。

你一進入此地，這個洞窟廟宇就展現出一種黯淡神祕的光輝。而在那裡，在數百隻蠟燭的閃爍光線下，由實際岩石雕刻出來，在幽暗中聳立的，是世界的創造者與毀滅者、印度神祇濕婆的巨大陽具巨型塑像。這個意象太強而有力，對於信徒來說充滿了莫大的生命力，以致這個洞窟廟宇裡日夜都有數千名朝聖者往來的嗡嗡聲響，還有他們唱歌誦經的回音。這種神聖男性氣質的生動描繪，讓崇拜者處於徹底心醉神迷的心態中，並且以壓低聲音、表達認可的「是」來回應。

古代希臘有個神明普里阿普斯（Priapus），祂的陰莖實在太大了，必須放在身體前方的獨輪車裡推著走。埃及人尊崇以節德柱（djed pillar）的形式為代表的神明歐西里斯（Osiris）。在傳統的生殖崇拜節慶中，日本人仍然跟巨大的人造陽具共舞，意圖在於激起自然界的生殖力。

勃起的陰莖，當然是一種性象徵。但這也是生命力本身的象徵。對古代民族來說，血液是精神、能量、靈魂的載具。血液讓陰莖勃起的時候，就是把精神具體化到肉身之中。生命力永遠是神聖的，而它進入了物質與人類生命的凡俗世界裡。人性與神性、世俗與神明之間這種結合的結果，總是有創造性又帶來精力。在這種結合之中，新生命與新形式、機會與可能性的新組合誕生了。

愛有許多種形式。古希臘人談到agape，非情慾之愛，《聖經》稱之為「兄弟愛」。他們談到eros，同時指狹義的陽具崇拜或性慾之愛，還有廣義的愛，即所有事物聯繫結合的衝動。羅馬人講到amor，一個身體與靈魂和另一個身體與靈魂的完整結合。這些形式與其他所有形式的愛（大多數情況下的各種愛），都是愛人能量在人類生命中活生生的表現。

榮格派學者通常用希臘神祇艾洛斯（Eros）的名字來談論愛人能量。他們也使用拉丁語字彙 libido（欲力）。他們用這些詞彙指的不只是性的欲望，而是對生命的普遍欲望。

我們相信，「愛人」無論叫什麼名字，都是能夠稱之為鮮明、活潑與激情的原初能量模式。它經歷過我們這個物種對於種種事物巨大而原初的飢渴：性愛、食物、福祉、繁衍、有創意地適應人生中的苦難，還有到最後對意義感的尋求，少了這些，人類就不可能繼續過日子。愛人的驅力，就是要滿足這些飢渴。

愛人原型對於心靈來說之所以是原初的，也是因為它是關於外在環境敏感度的能量。它表現出榮格主義者所稱的「知覺功能」（sensation function），那個受到訓練去注意所有感官經驗細節的心靈功能，也是注意到顏色、形狀、聲音、觸覺與味道的功能。

愛人也監控著內在精神世界在回應進入的感官印象時產生變化的質

地。我們可以輕易地看到，那類似囓齒類的遠祖在危險的世界中掙扎求生時，這種能量潛能有什麼樣的生存價值。

無論有什麼樣的原始背景，愛人如何出現在今日的男性身上呢？如何幫助我們存活，甚至興盛？愛人的特徵是什麼？

完整的愛人

愛人是戲耍、「展現」，還有健全的具體化（embodiment）的原型，也是置身於感官歡愉世界、與自己的身體同在而**不覺得羞恥**的原型。因此，愛人是**有深刻感官性的**；感官上察覺得到物質世界的所有光彩，也對此很敏感。愛人與全體事物有關，也連結到全體事物，他透過自己的敏感性，被吸引到這些事物之中。在敏感性的引導下，他感覺到自己與這些事物之間有同情與同理的聯繫。對於連結愛人的男人而言，所有事物都以神祕的方式彼此相繫。就像我們所說的，他「在一粒沙裡見到世界」。愛人就是在全像攝影術發明之前就已經知道我們實際上活在一個「全像式」宇宙裡的一種意識；在這個宇宙中，每一部分都在即時與共感的結合中反映了其他部分。愛人能量不只是在一粒沙裡**見到**世界。他**感覺到**世界就是這樣。

有一個年輕男孩在父母的堅持下接受心理治療，因為他們說，他非常

「奇怪」。他們說，他花太多時間獨處了。當我們問男孩那些據說很「奇怪」的行為時，他的回應是，他會在森林裡長途散步，直到找到一個隱蔽處為止。他會坐在地上，注視著螞蟻跟其他昆蟲走著迂迴曲折的路，穿過草叢、落葉，還有其他森林地面的細小植物。他說，接著他會開始感覺到這個世界對螞蟻來說是什麼樣子。他會想像自己是一隻螞蟻。他可以感覺到螞蟻的感受：他翻越卵石（對他來說，是巨大的岩石），還有在葉子邊緣危險地搖晃。

或許更驚人的是，這個男孩報告說，他可以感覺到身為樹上的地衣，還有倒木上清涼潮濕的苔蘚是什麼感覺。他體驗得到整個動物與植物界的飢渴、喜悅、苦難和滿足。

在我們的觀點看來，這個男孩以一種很強力的方式連結了愛人。他直覺地**同理**了周遭的世界。或許他就如同自己所相信的，確實**是**感覺到了那些事物的實際經驗。

我們相信連結了愛人能量的男人，是接納了一種「集體無意識」，接納的程度或許比榮格所說的更廣泛。榮格的集體無意識，指的是人類整個物種的「無意識」，如榮格所說，這種無意識記憶包括了所有活過的人生命中發生過的所有事。但如果就像榮格提出的說法，集體無意識看似是沒有限制的，為什麼就到此為止？要是集體無意識寬廣到足以包含所有生物的印象與感官知覺，那會怎麼樣？或許集體無意識確實包含某些科學家現在所說的「原始覺察」（primary awareness），甚至連植物的都有。

「有一個普遍意識存在」的這個觀念，反映在《星際大戰》系列的歐比王．肯諾比身上，他對於銀河整體有深切的敏感與同理心，而且感覺得到「原力」之中的任何細微變化。東方哲學家曾說，我們就像這片遼闊大海上的波浪。愛人能量與這種潛藏的「海洋式」連結性，有立即而親密的接觸。

隨著對所有內在與外在事物的敏感性而來的，就是激情。愛人的連結性，主要不是知性上的，而是透過感受。所有人身上都熱烈地感受到那些原始的飢渴，至少在表面之下如此。不過，愛人是帶著深切的理解知道這一點的。接近無意識，意謂著接近「火」——生命之火，在生物層面上就是產生生命的新陳代謝過程之火。如同我們全都知道的，愛是「熱的」，通常「太過火熱而難以控制」。

受到愛人影響的男人想要觸摸與被觸摸。他想要在身體上與情緒上觸碰一切，也想被一切觸碰。他不承認有任何界線。他想要活出在內在世界裡、在強勁感受的脈絡之下，還有在外在世界裡、在與他人關係的脈絡之下，所感受到的連結性。到最後，他想要徹底體驗感官經驗的世界。

他擁有所謂的「美學意識」。他從美學上體驗一切事物，無論它是什麼。生命的一切對他來說都是藝術，激發了有微妙細膩變化的感受。喀拉哈里（Kalahari）沙漠的遊牧民族是「愛人」。他們在美學上與環境中的一切同調。他們在沙漠世界裡，在細微的光影變化間，還有對我們來說只是棕色或褐色的陰影中，看到數百種顏色。

出自於伊底帕斯情結之子的愛人能量，也是性靈（尤其是所謂的神祕主義）的來源。神祕主義傳統潛藏於並出現在世界上的所有宗教之中，而在神祕主義的傳統裡，愛人能量透過神祕主義者，直覺感受到所有存在之物的終極一體性，並且積極尋求在日常生活中體驗這種一體性；而在同時，愛人能量仍然停留在一個有限的凡人男性體內。

能夠想像自己是一隻螞蟻的那個男孩，說明他某年夏天在YMCA營隊的某些場合中產生的奇特感受時，也描述了可以視為神祕主義經驗的開端。營隊參加者每個星期會有一次在深夜被人從床上叫醒，然後沿著一片漆黑的隱蔽森林小徑走向一片中央空地，在那裡觀看古代美洲原住民歌舞的重現。這個男孩說，在從小屋走出來，跟著其他男孩走上曲折蜿蜒的道路時，他常常會有一種無可控制的衝動，想要對著黑暗大大展開雙臂，然後飛進黑暗中，感覺樹木撕裂並穿過他的「靈體」，他卻不會痛，只有一種狂喜之感。他說，他覺得自己想要跟黑暗未知的神祕，還有具威脅性卻又奇特地讓人心安的夜晚森林「合而為一」。世界各宗教的神祕主義者，談到他們那股與「神祕」合而為一的衝動時，描述的正是這些種類的感官知覺。

對於連結愛人能量的男人，到頭來生命中的一切都是用這種方式體驗的。在感受到世間痛苦與辛酸的同時，他也感受到巨大的喜悅。他在人生的所有感官經驗中感受到喜悅與歡愉。舉例來說，他可能知道打開一個保濕雪茄菸盒，聞到菸草異國香味的喜悅。他可能也對音樂很敏感。他可能強烈感受到印度西塔琴的神祕彈奏聲，一首偉大交響曲逐漸增強的效果，或者一具阿拉伯陶土鼓禁慾性的咚咚聲響。

寫作對他來說可能是一種感官性的經驗。當我們詢問作家們，為什麼有許多人覺得坐在打字機前必須吸菸，他們回答，吸菸能打開他們的感官，接收印象、感受與字詞的細微變化，進而讓他們放鬆下來。他們藉由這麼做，深切感覺到與所謂的「土地」或「世界」連結。內在與外在在一個連續的整體中合為一體，而且他們能夠創造。

語言（字詞的不同聲音與細微意義）會透過愛人的情緒鑑賞力而被接觸到。其他人可能以機械化的方式學習語言，但連結「愛人」的男人是靠著感覺語言來學習語言。

就算是高度抽象的思緒，像是哲學、神學或科學思維，他們都是透過感官感受的。偉大的二十世紀哲學家兼數學家懷海德（**Alfred North Whitehead**），在他的著作裡闡明這一點：（抽象思維）同時既是技術性的，也有深刻的感受調性，甚至還有感官性。而有一位高等數學教授還表示，他能夠**感受**到（這是他的說法）「第四維度」是什麼。

深刻與愛人能量連結的男人，透過這種美學意識體驗到他的工作，還有跟他一起工作的人。他可以「讀」人如讀書。他通常對他們的情緒變化敏感到令人難以忍受的地步，而且可以感覺到他們潛藏的動機。這可能確實是非常痛苦的經驗。

所以，愛人不只是人生喜悅的原型。這種與其他人和世界共感的能力，使他也必須感受到他們的痛苦。其他人或許能夠避開痛苦，與愛人連結的男人卻必須忍耐痛苦。他感覺到活著的痛楚，包括自己與別人的痛楚在內。在此我們有個可用的意象，那是耶穌在哭泣，為他的城市耶路撒冷、門徒、全人類而哭，並且把這個世界的憂傷都背負在自己身上，就像《聖經》裡所說的「多受痛苦，常經憂患」。

我們**全都**知道愛同時帶來痛苦與喜悅。我們會領悟到這一點是深刻且無可改變地真實，是有原型基礎的。使徒保羅在他讚揚真愛特徵的著名作品〈愛的頌歌〉（Hymm to Love）裡說：「愛是凡事包容」並且「凡事忍耐」。確實就是這樣。中世紀晚期的歐洲吟遊詩人，也歌詠著劇烈的「愛之痛」，這在愛的力量是無可逃避的一部分。

受到「愛人」影響的男子，不想在社會創造出的邊界之前止步。他抗拒這種事物的人為性質。他的人生通常是非傳統的，而且「一片混亂」，就像藝術家的工作室、有創意的學者的書房、「大膽嘗試」型老闆的辦公桌。所以，就因為他反對這種廣義上的「法則」，我們看到他與傳統相衝突的人生裡，上演著那古老的緊張關係：在感性與道德之間、愛與義務之間，也在喬瑟夫・坎伯詩意地描述的「愛與羅馬」之間；「愛」（amor）代表激情的經驗，「羅馬」（Roma）則代表對法律與秩序的義務與責任感。

愛人能量因此與其他成熟男性能量完全相反，至少乍看之下是如此。他的興趣在於戰士與魔法師的對立面，也跟國王對於界線、容納、秩序與紀律的關懷相反。在每個男人心靈中為真的道理，在歷史與文化的全景之中也為真。

文化背景

從這些原型裡流出的宗教與文化歷史中，我們可以看到愛人與其他成熟男性原型之間的緊張模式。基督教、猶太教與伊斯蘭等，這些被稱為道德、倫理或宗教的事物，全都迫害過愛人。基督教幾乎一致地教導說，世界（愛人奉獻的目標）是邪惡的，這個世界的主人是撒旦，而撒旦就是基督徒必須避開的感官愉悅（其中的第一名就是性愛）的來源。教會通常反對藝術家、革新者與創造者。在羅馬時代晚期，教會剛取得權力時首先採取的措施之一，就是關閉劇院。其後不久，教會就關閉了妓院，並且禁止展示色情藝術。這裡沒有留給愛人的空間；至少，他的情慾表現是不被容許的。

教會遵循古希伯來的習慣，也迫害通靈者與靈媒，因為他們跟藝術家等人一樣，生活得非常接近創造圖像的無意識，也因此很接近愛人。這是中世紀火焚女巫的一個源頭。對教會來說，某些女巫不只是通靈，還對於來自細微感受的內在世界之印象，有深刻的直覺與敏感度，也是自然界的崇拜者。因為教會把自然界貼上了邪惡的標籤，他們相信女巫是撒旦——愛人——的崇拜者。

直到今日，許多基督徒仍然對《聖經》中唯一真正充滿情慾的章節感到震驚。這是一連串的情詩（以古代迦南祈求繁殖力的儀式為基礎），而且名符其實地色情。這一書描述的是一男一女之間的愛（amor），即身體與精神的羈絆。這些道德家基督徒能夠接受〈雅歌〉（Song of Solomon）的唯一辦法，就是把〈雅歌〉詮釋為「基督對教會的愛」的寓言。

原型無法被禁絕，也無法期望它就這樣消失。愛人以基督教神祕主義的形式，透過「逆來順受，甜美的耶穌」這樣浪漫又多愁善感的圖像，還有讚美詩歌，悄悄爬回基督教之中。如果我們稍微想想，像是〈在花園裡〉（In the Garden）、〈主愛救我〉（Love Lifted Me），還有〈靈友歌〉（Jesus, Lover of My Soul）等等（在此只舉幾個例子）讚美歌中暗藏的情慾色彩，就可以看出愛人讓一個本質上禁慾又說教的宗教，染上無可抑制的激情色彩。

在三位一體的教義中，聖父與聖子之間的愛通常以近乎淫蕩的詞彙描述。而道成肉身教義本身聲稱神「在歷史上」曾讓一位人類女性成孕，而透過他們的結合，神永久而親密地與所有人類交流／交媾（intercourse）。教會的觀點受到聖典的約束，對物質宇宙抱著矛盾情緒，但在其下潛藏的是愛人在基督教神祕經驗與神學思想中的顯現。

儘管如此，基督教教會整體而言對愛人還是很有敵意。愛人在猶太教裡受到的待遇只稍微好一些。在正統猶太教中，被投射到女人身上的愛人仍然被貶低。傳統猶太祈禱書裡，初步晨間禮拜的一部分仍舊包括這句話：「讚美汝，上主吾等之神，宇宙之王，沒有把我造成女人。」而在猶太教裡，故事是這麼說的：夏娃是第一個犯罪的人。這種針對女性的誹謗，還有從中衍生的暗示（反對與女性連結在一起的愛人）布置好了舞臺，讓猶太人（還有後來的基督教與穆斯林）產生這種概念：把女人視為「誘惑者」，設法讓虔誠的男人在追求「神聖性」的時候分心。

在伊斯蘭教裡，婦女遭到惡名遠播的貶低與壓迫。伊斯蘭是戰士能量禁慾主義的宗教。但愛人在這裡並沒有被排除。穆斯林的死後天堂被展現為愛人的領域。在天堂裡，穆斯林聖人在塵世生活中棄絕及壓抑的一切，都以無盡宴席的形式回歸給他，還有美麗的女人——「黑眼睛的天堂美女」，招待他。

印度教不一樣：印度教不是像西方宗教那樣說教或講究倫理的宗教。它的性靈面更偏重美學與神祕主義。印度教頌揚所有事物的一體性（在「梵」〔Brahman〕之中），以及人類與神的一體性（在「大我」之中），同時它也對形式的世界感到欣喜，在感官的領域裡得到樂趣。

印度教崇拜者有許多男神女神可以體驗，有許多奇異的形狀與顏色、半動物半人類、植物，甚至是石頭，全部都是它們背後的「一」（the One）在感官上很奢華而多重的形式，「一」把祂無盡的愛與激情貫注到這些形式中。印度教頌揚愛人的情慾面，以神聖情詩（例如《印度愛經》〔*Kama Sutra*〕），還有某些廟宇雕像的撩人形式，在世間神聖地具體展現。如果你認為國王／戰士／魔法師與愛人在本質上是對立的，去拜訪科納爾克（**Konarak**）的印度教廟宇就會糾正你的印象。在科納爾克，男神與女神、男人與女人，都被呈現為正在盡情享受每一種想像得到的性交體位，處於跟彼此、宇宙以及神結合的狂喜之中。

與此相關的是，有一個三十出頭的男人，在工作與個人生活兩方面都覺得窒息貧瘠，於是前來做精神分析。他是一位會計師，卻覺得自己跟日常的數字計算工作逐漸疏離。他覺得自己受限於職業上的某些行為規範；這些規範是任何這類「正經」（這是他的形容）職業的一部分。如他所說的，他覺得自己從「真實生活的糞土汙泥」中被切割開來。事情變得很明顯：他沒有跟內在的愛人接上線。

然後他做了一個「印度女孩之夢」。在夢中，他發現自己在印度，這是他以前從來沒有多想的地方。他走路穿過一個老鼠肆虐的貧民區。首先讓他訝異的是種種顏色：藍色、橘色、白色、紅色與紫紅色。然後是氣味：異國香料與香水，混合了人類屎尿與腐敗垃圾的臭氣。他爬上一座搖

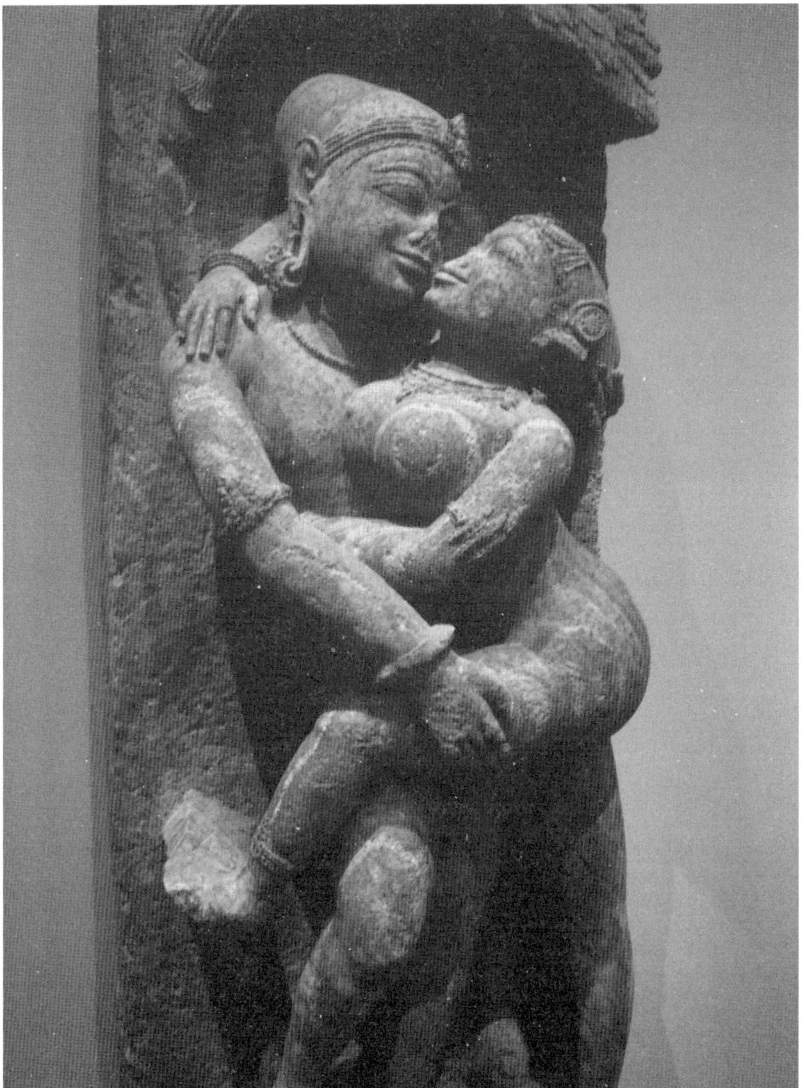

愛侶（Mithuna）雕像，印度奧里薩邦（Orissa）

搖晃的樓梯，到了一間二樓公寓，看見一個骯髒卻明豔照人的黝黑印度女孩，穿著破破爛爛的衣服。他們在地板上一塊有汙漬的骯髒床墊上做愛。

他醒來時，感覺到一股興奮、煥然一新與喜悅，這是他過去從未經歷過的。他把這次的感受描述成一種「靈性」。在夢中，他感覺到「神」現身為一種有異國風情、有感官之美的存在，這個存在就跟他一起享受性愛。這對他來說是一種天啟，而他開始連結愛人的成熟男性能量，這對他自己和性伴侶來說，都有很大的好處。

哪種人生方式最能清楚地表現出愛人呢？有兩種主要的形式，（廣義的）藝術家與通靈者。畫家、音樂家、詩人、雕刻家與作家通常是「沉浸於」愛人能量。眾所周知，藝術家是敏感又喜愛官能享受的。要看出這一點，我們只要看看高更（Gauguin）那些充滿光線的人物、印象派畫家閃亮的色彩、哥雅（Goya）的裸體圖畫，還有亨利・摩爾（Henry Moore）的雕塑品。我們只要聽聽馬勒（Mahler）的交響曲中鬱鬱寡歡的神祕主義、廣島樂團（Hiroshima）的「酷派」爵士，或者華萊士・史蒂文斯（Wallace

Stevens）具感官性、波濤起伏的詩。藝術家的個人生活，是典型地（或許很符合刻板印象）狂暴、混亂、有如迷宮，充滿了人生起伏、失敗的婚姻，通常還濫用藥物。他們活得非常接近創造性無意識的激烈力量。

真正的通靈者也以同樣的方式，活在感觸深刻的直覺所帶來的感官知覺與「振動」世界之中。他們有意識的覺察，就像藝術家一樣，非常能接納來自其他人的思緒感受，還有集體無意識這個幽暗領域的入侵。他們似乎在白晝常識世界之下或之外的世界裡移動。從這個隱藏世界裡，他們接收到一陣陣強烈的感受、無法解釋的氣味、其他人感覺不到的冷熱感覺、極其恐怖或美麗的影像，還有關於其他人實際上發生什麼事的線索（接收形式通常是幾乎聽得見的字句）。他們甚至可能接收到關於未來的印象。所有成功「解讀」卡片、茶葉與掌紋的男人，都是在連結「愛人」，愛人在表面之下把所有事物結合在一起，甚至也把未來跟現在結合在一起。

有「直覺」的生意人也連結了愛人。當我們對人、對情況或自己的未來有預感或直覺的時候，全都連結了愛人能量。在這些時刻，事物潛藏的一致性在我們面前被揭露了，甚至是以世俗的方式揭露，而我們被吸引到愛人能量中，這種能量把我們跟常態下不會察覺到的種種現實連結在一起。

任何藝術性或創造性的努力，還有幾乎每一項專業，從農業到股票經紀，從粉刷房屋到電腦軟體設計，都是為了取得創造力而汲取愛人能量。

那些真正欣賞美食、美酒、菸草、錢幣、原始手工藝品等各種物品的鑑賞家，也是一樣。所謂的狂熱分子（buff）亦然。蒸氣火車迷對於這些巨大、閃亮的黑色「陽具」，有一種感官性的，甚至是情慾性的喜好。尋找正確型號雪佛蘭科維特（Corvette）的愛車人士，樂於觸碰及嗅聞車子、在鐵鏽與髒汙的內裝之下尋找美麗與缺陷的二手車鑑定人，某種特定文學類型或搖滾樂團的「粉絲」等，所有這些人都連結了愛人。愛人透過濃咖啡或巧克力的美食家、珍惜一只明代花瓶並在手中反覆把玩的古董商等人，表達他自己。以意象和故事讓布道詞變得生動的牧師，如同美洲原住民所說的，是「用心思考」而不只是用腦袋思考的人，他也連結了愛人。愛人透過他的布道詞歌唱。當所有人停止做事，讓自己在沒有表現壓力的狀況下，只是在當下**感受**，在「停下來聞聞玫瑰花香」的時候，都在感受愛人。

當然，我們在愛情生活中強烈地感受到愛人。在我們的文化裡，這是大多數人接觸到愛人的主要管道。許多男人名符其實地為了「墜入愛河」（落入愛人的力量之下）的刺激而活。在這種心醉神迷的意識狀態下——甚至連最像硬漢的人都會如此——我們以摯愛為樂，也珍愛她所有的身體與靈魂之美。透過我們與她在情緒和身體上的結合，我們被傳送到一個一方面狂喜愉悅，另一方面痛苦哀傷的神聖世界裡。我們跟吟遊詩人一起喊道：「我知道愛的劇痛！」對我們來說，整個世界看起來、感覺起來不一樣了，無論如何都更活潑、更生動、更有意義了。這是愛人的工作成果。

在繼續討論愛人的陰影面之前，我們想關注一下這個老問題：一對一關係、一對多關係與雜交。一對一關係出於愛情的 amor 形式，在這種形式裡，一男一女只對彼此獻出自己的身體與靈魂。這出現在神話世界裡，在埃及神明歐西里斯和妻子埃西斯（Isis），還有迦南神明巴力對妻子阿納特（Anath）的愛情故事裡。

在印度神話裡，有濕婆與雪山神女（Parvati）之間不朽的愛。在《聖經》裡，我們看到雅威對以色列，祂的「新娘」，長久承受苦難的愛。一對一關係仍然是我們今日的理想，至少在西方如此。但愛人也透過一對多關係、連續的一對一關係或雜交來表現自己。在神話中，這展現在印度教奎師那（Krishna）對牧牛女（gopis）的愛裡。祂以無盡的愛的能力，完完全全地愛著她們每一個人，所以她們每個人都覺得自己絕對特別又受到重視。在希臘神話裡，宙斯在天界與人間都有許多摯愛。在人類歷史上，在這種偽裝下的愛人顯現在國王的後宮裡，從一對一關係的觀點來看極為恐怖，同時也極為迷人。埃及法老拉姆西斯二世（Ramses II）據信有超過一百位妻子，更不要提那無數的姬妾了。《聖經》中的國王大衛與所羅門，擁有秀色可餐的女性所組成的龐大後宮，而如同在《國王與我》（*The King and I*）裡看到的，暹羅國王也一樣。某些富有的穆斯林男性，至今仍然有幾位妻子和小妾。愛人顯現在所有這些社會性安排之中。

陰影愛人：上癮與無能的愛人

一個活在愛人陰影的任一極端的男人，就像活在男性能量任何一種陰影形式下的男人一樣，被這個（如果在適當利用之下）可能成為他生命與福祉來源的能量所**控制**了。然而，只要他被陰影愛人控制，這種能量就會朝著毀滅他以及周遭其他人的方向運作。

一個認同**上癮**愛人的男人，會問一個最強力而迫切的問題：「對於這個廣大的、對我來說存在著無盡樂趣的世界，所帶給我的感官與性愛經驗，我為什麼應該設下限制？」

上癮者怎麼占據一個男人？身為上癮者的陰影愛人，最主要也最深刻擾人的特色，就是他的迷失，而且會展現在好幾個方面。一個被陰影愛人占據的男人，變得名符其實地迷失在感官汪洋之上，不只是「著迷於日落」或「迷失在白日夢裡」。來自外在世界的最微小印象，就足以把他拉得偏離中心。他被夜間火車鳴笛聲的孤寂吸引，被辦公室爭執的情緒蹂躪吸引，被他在街頭相遇的女人說的甜言蜜語吸引。他先被扯到一邊，然後再被扯到另一邊，已經不是自身命運的主人了。他變成了自身敏感性的受害者。他被捲入視覺、聲音、氣味、觸感的世界裡。我們在此可以想想畫家梵谷，他迷失在自己的油彩與畫布，還有他描繪的夜間星星狂暴的動力裡。

有個例子是一位敏感到很痛苦的男人，他在晚上無法忍受房間裡有任何一點光，他會因為自己那棟建築物裡其他公寓的噪音而真的抓狂，在此同時，他又是才華洋溢的未來作曲家。他無法關掉在思緒裡奔流的旋律與歌詞。他會聽到它們。在拚命嘗試讓生活有個最低限度的結構時，他寫了數百張備忘錄給自己，在公寓裡到處貼，貼在鏡子上、床上方、咖啡桌上、門框上。他狂熱地在一張張備忘錄之間奔走，瘋狂地企圖達成每一個責任。他的生活是過度敏感造成的一團混亂。他迷失在自己的感官裡。

另一個男人在夜校裡學習希伯來文。被上癮愛人占據的他，從感官上接近這種語言，享受著每一個奇異字母帶來的樂趣，而且深刻地感受到字詞的每種聲音與微妙的變化。到最後，他達到完全專注於自身感受的地步，而無法繼續學習了。他無法達到記憶事物所必須有的超然。他連多吸收一個字的能量都沒有了。雖然他一開始是全班第一名，但很快就墊底了。他並沒有控制並精通這個語言；是這個語言在控制他。他變成希伯來文上癮者，成為他從中發現的感受的犧牲品。他迷失了。

有個男人熱愛超過他收入水準的古董車。他不斷受到誘惑，「迷失」在它們閃閃發光的美麗之中，遺忘了他財務吃緊，直到「嚴酷的現實」來敲門的那天，他才發現自己破產了。接著，為了讓自己不至於滅頂，他必須賣掉深愛的車子。

有個故事講的是一位藝術家，拿了家裡的最後一筆錢，去買了他正在工作的藝術計畫所需要的油性鉛筆和粉蠟筆，而那是他妻子為家中的兩個嬰兒買下週奶粉所需要的錢。他愛老婆和孩子。但如他所說，他徹底覺得非得表達自己的藝術不可。他迷失在其中；最後他失去了家庭。

還有一些故事，是關於所謂的上癮型人格，患者是無法停止吃東西、喝酒、吸菸或嗑藥的人。有個年輕人是重度菸槍，醫生警告他得戒菸，否則他很容易得肺癌。（他已經表現出初期的警訊了。）雖然他想活下去，但就是戒不了；他太過享受香菸帶來的感官滿足了。他確實死了，到最後都還吸菸，迷失在對菸草的化學與情緒癮頭裡。

這種迷失也會顯現在上癮者只為了此刻歡愉而活的方式裡，並且把我們鎖進無法逃脫、動彈不得的網羅裡。這就是神學家萊茵霍德·尼布爾（Reinhold Niebuhr）談到的「感官之罪」（the sin of sensuality）。這也是印度教徒所說的「瑪雅」（maya），即幻象的舞蹈、娛樂感官之物的醉人（讓人上癮的）舞蹈，迷惑並吸引著心靈，在歡愉與痛苦的循環中追上我們。

當我們被愛的火焰點著，在自身渴望的苦悶與狂喜中被烘烤著的時候，會發生的事情是，我們無法停止體現感受、往後退及採取行動。我們沒有辦法像我們所說的那樣「恢復自制力」。我們無法抽離，跟感受保持距離。許多人的人生毀滅了，因為他們無法自行擺脫毀滅性的婚姻與關係。每當我們覺得自己被困在一個上癮性的關係裡時，最好小心，因為我們很有可能變成陰影愛人的犧牲者。

在他內在與外在的失落之中，陰影愛人積極端的受害者永遠都焦躁不安。這是一個永遠在尋求某種事物的男人。他不知道自己在尋找什麼，但他是電影尾聲裡獨自策馬奔向夕陽的牛仔，在尋求某種別的刺激、別的冒險，無法安定下來。他有無法饜足的飢渴，要體驗某種就在下個山頭後面的模糊事物。他不得不延伸的不是知識的邊界（如果是，對他來說就是解放），而是感官享受的邊界，無論這樣做要付出多少代價。雖然這個凡夫俗子就跟所有凡人一樣，迫切需要的就只是人類的幸福快樂。這就是詹姆士·龐德與印第安納·瓊斯，愛上了又離開，以便再愛一次、又再離開一次。

在此我們看到了唐璜症候群，並再度接觸一對一／一對多關係的議題。一對一關係（雖然方式並不單純），可以被視為一個男人自身深刻根源與中心性的產物。他不是受到外在規則束縛，而是被自己的內在結構、對自身男性福祉與冷靜的意識，還有自身的內在喜悅所羈絆。但從一個女人換到下一個女人，強迫性地搜尋自己也不知為何物的目標，這樣的男人是內在結構還未固定的男人。因為他自己的內在支離破碎，沒有中心，他所想像的虛幻整體性就在女性形態與感官經驗世界中，而他也受到此虛幻整體性的擺布。

對上癮者來說，世界把自己呈現成一個失落整體的誘人碎片。被困在前景裡的他，看不到隱藏的背景。他被困在印度教徒所謂的「種種形式」之中，找不到會帶給他冷靜與穩定的那種一體性。他活在稜鏡有限的那一邊，只能體驗到光線燦爛奪目卻破碎的虹彩。

這是談到古代宗教所謂的「偶像崇拜」的另一種方式。上癮愛人無意識地把他有限的經驗碎片，投入到合一（Unity）的力量之中，但這卻是他永遠不可能體驗到的。這再次展現在色情物品收藏的有趣現象裡。在上癮者破碎能量之下的男人，通常會囤積大量裸女圖片的收藏，然後把圖片分類安排到像是「胸部」、「腿」等範疇裡。然後，他們會把「胸部」圖片一張張鋪排好，再愉快地比較它們。他們對於「腿」及其他女性身體部位也會做出同樣的事。他們驚歎於部分的美，但無法把女人當成生理或心理上的整體性存在來體驗，而且肯定不是把她們當成一個身體與靈魂上的單一個體，一個他們可以共享一種親密、人性關係的完整個人。

在這種偶像崇拜中有一種不自覺的膨脹，因為在這種心態下的凡人男性，是在神那種無限感官性之下體驗這些圖像的；神造就出這些圖像的所有變化，而且祂的創造物，無論是部分還是整體，都令祂感到愉快。這個被上癮愛人抓住的男人，無意識地把自己等同於身為愛人的神了。

受制於上癮者力量的男人感受到的焦躁不安，是他在蜘蛛網上尋求出路的一種表現。被瑪雅之網控制的男人扭動翻轉，瘋狂地掙扎要找到一條逃離世界的路。「停止這個世界。我想要離開！」但他沒有走唯一的出路，反而掙扎著加深了自己的困境。他在流沙中扭動，只是越陷越深。

這種事會發生，是因為他認為的出路其實是更深入的路。上癮者在尋求的（雖然他不自知）是終極而持續的「高潮」，終極而持續的「爽」。這是為什麼他會從一個村莊奔馳到另一個村莊，從一個冒險換到下一個冒險。這就是為什麼他從一個女人換到下一個女人。每次他的女人用她的終有一死、她的有限、她的弱點與限制，來跟他對質時，就粉碎了他在這一次總算找到無盡高潮的夢想，換句話說，在與她（與世界，與神）完美結合的妄想所帶來的興奮又變得黯淡無光後，他就替自己的馬鋪上馬鞍，策馬出去尋找重獲狂喜的機會。他需要補足男性喜悅「劑量」。他真的需要。他就是不知道要去哪裡找。到頭來，他可能在古柯鹼粉裡尋找「靈性」。

心理學家談到男人被上癮者控制之後衍生出來的問題，稱之為「界線問題」。對於被上癮者控制的男人而言，沒有界線這種東西。如同我們說過的，愛人不想被限制。當我們被愛人控制的時候，就無法忍受被限制。一個被上癮愛人控制的男人，其實就是一個被無意識（他個人的無意識與集體無意識）控制的男人。他被無意識淹沒，就像被海淹沒一樣。有一個男人反覆地夢見自己跑過芝加哥街頭，躲在摩天大樓後面，避開來自密西根湖的超級巨浪，這波巨浪正朝著岸邊襲來，眼看著就要淹沒希爾斯塔（Sear's Tower）。每天晚上，他的睡眠都受到干擾，不只是這個夢在打擾他，還有「洪水般」的種種夢境。結果事情是這樣的：在他有意識的自我與無可抗拒的無意識力量之間，沒有足夠的界線。

無意識以「湖水的潮汐波」這個形式（回想一下魔法師的學徒！）出現在他面前的事實，與無意識的普遍意象，如《聖經》中的混亂「深淵」、古代創造神話中浮現出男性氣質結構世界的原始海洋，非常一致。這種海洋式的混沌——無意識——如同我們所見的，在許多神話體系裡被想像成陰性的。它是母親，也代表男嬰對於與母親合併的幽閉恐怖感。夢見潮汐波的人，在現實中受到未解決的母親議題壓倒性的力量所威脅。他需要做的，是在「女性」的無意識之外，發展他的男性自我結構。他需要回到男性發展的英雄階段，然後屠龍；所謂的龍，是指他與凡人母親、「母親」

（「所有母親的神啊，充滿力量」）之間的過度連結。

這正是上癮者阻止我們去做的事。它對抗界線。但以英雄式努力所建立的界線，是被上癮者控制的男人最需要的。他不需要對所有事物有更多的開放性，他已經有太多開放性了。他所需要的是距離與超然。

所以我們可以看出來，做為上癮者的陰影愛人，如何從童年進入「被母親吸收的媽寶」的成年期。受制於上癮者力量的男人仍然在母親之內，而他掙扎著要脫身。在電影《三島由紀夫：人間四幕》（*Mishima*）裡，年輕的三島深受金閣寺（母親、無意識）的形象誘惑，到了著魔的地步。對他來說，金閣寺美到讓人痛苦。這樣變得太痛苦了，以至於為了擺脫痛苦，他必須燒掉那座寺廟。他必須毀滅那種誘人而讓人著魔，會讓他遠離男子氣概的「女性」美。而他就這麼做了。

這種超脫或容納「女性」無意識混亂力量的需求，可能也大大有助於解釋男性性變態，尤其是那些表現在「綁縛」，還有針對女性做出粗暴性羞辱的變態行為。我們可以把這些令人反感的行為，視為一種「束縛」或否認的嘗試（就像三島的做法），目的是為了奪去無意識在我們生命中壓倒性的力量。

如果媽寶的欲望是碰觸禁止碰觸之物（也就是「母親」），並且跨越他眼中的人為界線（最終極的界線，就是亂倫禁忌），從媽寶之中產生的上癮者，就必須以辛苦的方式學到界線的用處。他必須學到，自己缺乏男性結構、缺乏紀律，因此產生的戀情，還有他面對權威的問題，免不了會讓他惹上麻煩。他會因被開除而丟掉工作，深愛著他的妻子到頭來也會離開他。

如果我們覺得自己跟完整的愛人失聯，會發生什麼事？我們接著就會被無能的愛人控制。我們會用一種無感的方式體驗人生。我們會「感覺到」那位會計師描述的那種貧瘠不毛與單調平淡。我們會描述心理學家所謂的「感情平淡」（flattened affect），缺乏熱情、生氣和活力。我們會覺得倦怠無聊。我們可能早上很難起床，晚上很難入睡。我們可能發現自己說話聲調平板。我們可能覺得自己逐漸疏離家人、同事和朋友。我們可能覺得飢餓，卻缺乏胃口。一切可能開始感覺像是《聖經・傳道書》中的一個段落宣稱的那樣：「都是虛空，都是捕風。」而且「太陽底下沒有新鮮事」。簡而言之，我們會變得憂鬱。

習慣性被無能愛人控制的人，會處於**慢性**憂鬱狀態。他們覺得自己跟他人缺乏連結，也跟自己切斷連結了。我們經常在治療中看到這種狀況。治療師能夠從當事人臉上的表情或肢體語言中得知，有某種感受正企圖自動表現出來。但如果我們問當事人的感覺是什麼，他完全沒有概念。他可能會說類似這樣的話：「我不知道。我只覺得有種霧濛濛的感覺。一切都是朦朦朧朧的。」這通常是發生在當事人太靠近真正「火熱」的素材時。那時候發生的事情是，有意識自我和感覺之間冒出一面盾牌。這面盾牌就是憂鬱。

像這樣的失去連結可能達到很嚴重的程度，在心理學上稱為「解離現象」（dissociative phenomena），在這種狀況下（除了許多其他症狀之外）

當事人可能會開始用第三人稱講自己。他不說「我覺得」怎麼樣，反而會說「約翰覺得這樣」。他可能會覺得自己不真實。他的人生可能像是一部他正在看的電影。這些男人很嚴重也很危險地被無能愛人控制了。

但我們全都知道，當沮喪的時候，我們就是沒有動機去做想做或必須做的事。這經常發生在老年人身上。他們的生理問題、孤立狀態，還有缺乏有意義的工作，讓他們栽入憂鬱之中。對生命的熱忱沒有了。似乎哪裡都找不著「愛人」了。很快地，這些老男人就不再替自己做飯了。他們會覺得沒有什麼值得活下去的事情。《聖經》說：「沒有異象，民就放肆。」特別是在沒有愛人的想像與異象時，人民就放任自己了。

但不只是缺乏「異象」表明了無能愛人在一個男人生命中的壓迫性力量，缺乏勃起與渴望的陰莖也是。這個男人的性生活變得了無新意；他在性方面沒有活力。這樣的性活動休止，可能是來自種種因素，例如：厭倦他的伴侶，不再沉醉；對他的伴侶關係有壓抑的憤怒；工作上的緊張與壓力；擔憂金錢，或者覺得被人生中的女性或其他男性閹割。

若一個男人與無能愛人結合時，可能退化成接觸性愛之前的男孩，或是沉迷於戰士或魔法師，或是三者的結合。他的性愛與感官敏感性，被其他的擔憂給壓倒了。當性伴侶變得要求更多時，他甚至會退縮到愛人陰影的消極端去。在這時候，原型陰影的對立端，可能會把他推向上癮者追求的那種性慾完美滿足，這樣的滿足超出了他主要情感關係的世俗世界之外，藉此「拯救」他。

連結愛人能量

如果我們恰當地連結愛人，同時保持自我結構強健，就會對人生、目標、工作與成就，感覺到有相關性、連結、活力、熱忱、憐憫、同理、精力充沛，還有浪漫情懷。經過恰當利用的愛人能量，帶來一種意義感，這就是我們所謂的性靈面。我們之所以渴求一個對自己和他人都更美好的世界，其源頭在於愛人。他是理想主義者與夢想家。他是想要我們擁有大量美好事物的人。愛人說：「我來帶給你生命，你可以更豐富地享受生命。」

愛人讓其他男性能量有人性、充滿愛，而且彼此產生關聯，也跟在艱困世界中掙扎的人類真實生命處境相關聯。如同我們先前提過的，國王、戰士與魔法師彼此相當和諧。他們之所以如此，是因為少了愛人的話，他們全都在本質上與生命疏離。他們需要愛人來激勵他們，讓他們變得有人性，並且給他們終極目標——愛。他們需要愛人，好讓他們不至於變成虐待狂。

愛人也需要他們。沒有界線的愛人，在他的感情與感官的混亂中，需要國王來為他界定限制，給他結構，讓他的混亂變得有秩序，好讓能量能夠有創意地被輸出。少了限制，愛人能量就變得負面而有毀滅性。愛人需要戰士，才能夠毅然決然採取行動，才能隨著劍乾淨俐落地一揮，就從動彈不得的感官之網中抽離。愛人需要戰士去摧毀讓他過度癡迷的金閣寺。而愛人也需要魔法師，幫助他從情緒的影響中抽身，以便能夠反省，對於種種事物能得到一個更客觀的觀點，也可以斷開連結，至少足夠看出整體大局，並且體驗到表象下的實在。

可悲的是，對於我們的生命力還有「發光發熱」所做出的無情攻擊，在人生的早期就開始了。許多人可能都太過壓抑內在的愛人，以至於變得很難對人生中的任何事情感到熱情洋溢。大多數人的困擾，不在於感受到太多熱情，而在於根本沒感覺到自己的熱情。我們感覺不到自己的喜悅。我們不覺得自己能夠生氣蓬勃，不覺得能夠照著我們當初想要的方式，來活我們的人生。我們甚至可能認為，感情（尤其是**我們的**感情）是惱人的妨礙，對一個男人來說是不恰當的。但別放棄我們的生命！讓我們找到內在的自發性與生命的喜悅吧。接著我們不但會更豐富地過人生，還能夠讓其他人——或許是有生以來第一次——過**他們的**人生。

結論

連結成熟男性氣質的原型力量

威廉・高汀（William Golding）有一部關於一群英國學童在熱帶小島遇難的經典小說《蒼蠅王》（*Lord of the Flies*），在一九九〇年再度被改編為電影，而新版電影的批評者問道，為什麼這個故事要被重拍。雖然翻拍自高汀小說的這部最新電影版，可能不算是最佳電影，但這部作品無論以什麼樣的形式出現，都強力地直指這顆星球上的人類處境。

成熟男性原型（或成熟女性原型）在人類生命中居於主導地位的時刻，可能從未發生過。我們做為一個物種，似乎活在幼稚病的詛咒之下，而且可能一直都是這樣。因此，父權體制其實是「男孩權利體制」（pueratchy），而或許人類世界總是相當相似於高汀筆下的小島。但至少過去有結構和體系——儀式——可以激發出某種男性成熟度，今日這個反系統、反儀式、反象徵世界的通則卻非如此。曾經出現過的一些神聖國王，讓領土內的男人可以把自己內在的「國王」投射到他們身上，從而間接地活化自身內在的這種男性能量。當然，不論好壞，從前曾經有段時間，戰士能量活躍又有效地形塑男人的人生，還有男人所建立的文明。而魔法師雖然永遠是少數人的特權，卻總是可以用來幫助個別的男性解決人生問題，並且讓整個社會對無可預測的自然界取得某種控制。在頌揚先知與預言家、洞窟畫家與詩人的文明裡，愛人也受到高度重視。

現在這一切都改變了，變成為了個人財富與妄自尊大（這是今日的貨幣）而加以利用。然而，我們的世界卻是人類有史以來最需要男性成熟能量的世界。這是個古怪的反諷：就在此刻，所有文明似乎都接近它最偉大的啟蒙，從破碎的、部落式的生活方式，轉換到一種更完整、更有普遍性的生活；然而，也就在此刻，把男孩轉變成男人的儀式過程卻從這顆星球上絕跡了。此時此刻，以成熟來取代不成熟，也就是把男孩變成男人、女孩變成女人，讓妄自尊大被真正的偉大所取代，是生存所必要的。然而，我們卻被迫仰賴自己做為男人的內在資源，幾乎是獨自掙扎著朝向對自身和世界更明智的未來前進。也許本來就應該如此。演化過程已經把四個男性氣質原型的強勁資源，置放進每個男人的內在，而且曾在人類歷史的不同時期召喚它們出來，解決困難的問題，並且大膽嘗試意想不到的事物；從混亂中組織出法則，刺激出泉湧的創意與育成力（就像製造出早期文明的那些事物），得到某些管理自然的能力（內在與外在兩者都包括在內），並且引起溫和的激賞與連結感。或許我們這個物種的成長過程，也是為了現代男性體內這些力量的激烈內化與心理學解釋而安排的。

如果我們的年代，在最深層與最膚淺的意義上都是個人主義的年代，那麼就讓我們做獨立的個體吧！讓我們撫育並歡迎偉大的獨立個體——獨立的男性，帶著古代帝王的善意、古代戰士的勇氣與決心、魔法師的智慧，還有愛人的熱情，充滿精力地採取行動，面對挑戰：拯救一個被扔在我們眼前的世界。肯定有足以讓每位男性在可預見的未來都保持忙碌的全球性需要與工作。

我們迎向這些挑戰的有效性，與身為男性個體如何迎擊自身的不成熟所帶來的挑戰，是有直接相關性的。我們讓自己從男孩心態力量影響下過生活的男人，變成受到男人心態原型引導的真男人，這個轉變過程做得有多好，對於世界現狀的結果有決定性的影響。

連結能量的四種方法

在這本書裡，我們簡短地描繪了問題的種種面向。我們已經勾勒出不成熟與成熟能量形式的輪廓，也稍微顯示出這些原型如何彼此互動，還有它們在陰影形式與完整形式中，如何互相激發。我們已經談及某些連結這些原型能量的技巧。在剩下的篇幅裡，我們要更仔細地檢視其中一些與男性成熟氣質原型重建恰當連結的技巧。

對每個人來說，這麼做的第一步是批判性的自我評估。我們曾經說過，自問原型的負面或陰影面**是否**出現在我們的生命中，是沒有用處的問題。我們需要問的實用誠實問題是，負面或陰影面是**如何**表現的。讓我們回想一下，成熟（從男孩心態移向男人心態）的關鍵在於變得謙遜，被謙卑掌握住。謙卑不是羞辱。我們並不要求任何男人自動屈服於自己或他人的羞辱之下，這差得遠了！但我們全都需要謙遜。讓我們回想由兩件事情組成的真正謙卑：首先是知道我們的極限，其次是取得我們所需的幫助。

先假定我們全都用得著某些幫助，現在來看看四種重要技巧，它們可用來連結我們錯失的人生正面資源。

積極想像對話

這些技巧中的第一個，在心理學中稱為「積極想像對話」（active imagination dialogue），有意識的自我與內在的各種無意識實體、其他專注的意識，還有其他的觀點，展開對話。在這些不同觀點背後是種種原型（有時候以隱晦的方式出現），而且它們的積極與消極形式都在內。無論如何，我們全都會跟自己對話，不過通常我們在「跟自己說話」的時候，都沒什麼效率。當然這是個笑話：「跟自己講話沒關係，只要你不回答就好。」但我們**確實**會回答自己。而且我們時時刻刻都這麼做。我們有時候會在口頭上發出聲音回答自己，或只在自己的腦袋裡。然而，我們常常在不是刻意或想要的狀況下，透過「湊巧發生」在生活裡的事件或人物，來回答自己。我們也透過以行動表現出某個我們有意識地厭惡的觀點或態度，來回答自己。

舉例來說，每個男人都有這種經驗：在參加某個高層級會議，或者要去某家修理廠怒罵他們工作不力之前，都已經計畫好要說什麼和做什麼了，結果真正說了、做了的事情卻完全兩樣。在會議中，他本來打算保持冷靜鎮定，然後堅定地闡述觀點。但在其他人開始生氣的時候，他突然間發現自己正憤怒地企圖跟對手比大聲。在修車廠裡，他計畫好的長篇痛罵，被那位聽起來意外地有同情心的櫃檯人員給打斷了，而他到最後變得很親切，雖然他很清楚那傢伙只是在討好他。兩千年前，使徒保羅在極端挫折的狀況下，問自己這個問題：「為什麼我做了我不想做的事，卻不能做我想做的那些事？」然後在這個狀況（不管是什麼狀況）結束的時候，我們對自己說：「我不明白我是著了什麼魔！」

讓我們著魔的東西，改變我們計畫好的言語和行動的東西，是心理學中所謂的自主情結（autonomous complex），而在這種情結背後，是所謂的兩極化原型陰影中的一端。在這些叛逆且通常是負面的能量形式，害我們說出、做出讓自己後悔的事情之前，就先面對它們，是很值得的。

積極想像對話，是跟這些戴著我們的臉孔，實際上卻不受時間限制的普遍能量形式，實際進行對話、參與董事會、電話會議時的一個重要技巧。在積極想像對話中，我們與這些能量形式交談，接觸他們之中的一個或多個，並且提出我們的觀點。然後我們聆聽他們的回答。最好是在紙上進行這種作業，在自我的思維與感覺，還有「對手」的思維與感受出現時，把兩者都寫下來，不要加以審查過濾。就像在任何成功的董事會會議裡一樣，我們至少需要同意彼此有歧異。在敵意非常深的情況下，如果可能，我們需要至少暫時達成一個簡單的和平協議。在最低限度上，這種練習會幫助我們考量反方的立場，並且盡可能把所有的牌攤在桌上。有備無患。

這種練習一開始可能看似奇怪。不過通常只要寫上一會兒，就會揭露每個男人精神中其他觀點的實際存在。可能會發生的事情是，剛開始你一片空白。但如果你堅持跟自己說話，到最後就會得到回答。你得到的答案可能令人震驚，也可能讓人安心。但它們會出現的。

有一句話要叮嚀大家：如果在這個練習過程中，你碰上了某個敵意真的很強的存在，某些心理學家會稱之為「內在迫害者」（inner persecutor），就停止練習，並去諮詢一位好的治療師。大多數人可能都有內在迫害者，也有內在幫手。但迫害者可能太惡毒，以至於你會需要支持，才能繼續與它對話。如果你懷疑自己會碰上其中一個內在迫害者，最好在展開對話之前，先召喚一個積極的原型能量形式。（我們會在後文談談召喚。）另一個叮嚀：你可能會接觸到一個以上的其他觀點。這時候，把對話當成一次董事會議來看待，並且聆聽每個人有什麼話要說。

接下來是一個積極想像對話練習的例子。與他的情結之一（詐騙家）進行對話的這位男士，在工作上有過很多麻煩，因為他發現自己無法控制對管理階層無能的批判性意見，而其中大多數意見有精確的觀察做為基礎。他發現自己在同事面前奚落老闆；他無法準時工作，也無法控制他在會議中的焦躁不安與厭惡感，偶爾他會跟上司直接一對一衝突。以下的文字是他坐下來設法接觸導致他如此行動的任何事物。

自我：你是誰？（停頓）你是誰？（停頓）你想要什麼？（漫長的停頓）不管你是誰，你讓我惹上麻煩了。

詐騙家：那不是很有趣嗎？

自我：喔，所以確實有某人在啊。

詐騙家：別自以為聰明了。當然有某個人在這裡。我真希望我可以對你說同樣的話。燈是開著，但沒有人在家喔！

自我：你想要我怎麼樣？

詐騙家：嗯，讓我想想。（停頓）你知道我想要什麼，你這白癡。我想要讓你的生活慘兮兮。

自我：為什麼？

詐騙家：為什麼？（嘲弄的口氣）因為很好玩啊。你以為你冷靜得不得了。就想像一下你被開除了會怎麼樣！天啊，那可好玩了！

自我：你是誰？
詐騙家：我的名字不重要。重要的是我在這裡。
自我：為什麼你想讓我生活悲慘？為什麼這樣對你來說很好玩？
詐騙家：因為你活該生活悲慘。**我**就很悲慘。
自我：為什麼你很悲慘？
詐騙家：因為你對我做的好事。
自我：**我**對**你**做的好事？
詐騙家：是啊，你這混蛋。
自我：我對你做了什麼？
詐騙家：你根本不在乎我，所以別假裝你在乎了。
自我：我確實在乎。我想要在乎。
詐騙家：是啊，因為你不舒服了。
自我：沒錯。你跟我必須解決我們之間的事情。
詐騙家：不，我們不必。你只是必須被開除而已。

自我：我不會讓你害我被開除的。

詐騙家：想阻止我，你試試看啊！

在更多相互指控與不信任的表現之後，這個男人的自我跟這個內在人物——掛著這位男士個人陰影身分的詐騙家原型，開始了嚴肅的對話。

詐騙家：你壓抑你對種種事物的真正感受——你全部的感受。你是個腳蝦。我**就**是你的感受，你**真正的**感受。我有時候想要生氣，也想要真正高興！你卻只是軟趴趴地到處晃，裝出一副比別人優越的樣子。你有的任何優秀之處都在我身上。我才是真正的你！

自我：我想當你的朋友。而且……我需要你成為我的。你不是我。我有我自己的觀點，我需要你來聽聽看。但我真的會改變現狀，重新來過。在此同時，我不能讓你在工作時隨便亂講話。如果我挨餓，你也一樣。你知道，我們是在同一條船上的。

詐騙家：好吧，OK啦。你必須要注意我。我們快要放長假了，而今年我想去某個地方。醇酒、女人、歌聲！所以，你得去買些衣服，還有去某個地方的機票，我喜歡熱帶！而且還有，別嚇著了，我想跟人上床！

自我：一言為定。而且在工作時你要紓解我的壓力，要不然我們就會永遠放假了。

詐騙家：我本來的想法就是這樣。我本來想逼你放某種假的。你別食言就是了。

自我：我不會的。

詐騙家：那麼就一言為定嘍。

通常跟內在「對手」對話時，以不成熟男性能量的形式進行，會讓他們的力量緩和許多。他們（像所有小孩一樣）真正想要的是被注意、被尊重、被認真看待。而他們有這種權利。一旦他們受到尊重，感覺得到認可，就不需要透過我們的人生來發洩了。

這場衝突最後圓滿收場。本來不存在的關係，變成了這個男人人生中的平衡新來源。他的詐騙家終於讓他放下身段，而且這麼做是為了迫使他滿足自身人格中被他忽略的面向。一個剛開始是內在迫害者的人物，變成了終生的朋友。

在積極想像對話的下一個例子裡，這個男人的自我充當了他人格中兩個相衝突面向的仲裁者，其中一個面向顯示出不成熟英雄能量的影響，另一個面向則是愛人。這兩種原型對於怎麼對待這個男人生命中的女人起了衝突。英雄想要征服她，但愛人想要的只是在共通基礎上與她交心。以下就是這番對話的發展。

自我：好了，你們兩個。我們現在有個問題。蓋兒一時興起，想去巴西，卻不想跟我們去。你，英雄，想要因此大罵她一頓，然後下最後通牒：不是放棄旅行來芝加哥找你，就是結束這段關係。而你，愛人，只想讓她去，無論如何都愛她。所以，我們現在必須做某種決定。

英雄：她很自私！跟往常一樣，她想辦法要用她衝動的欲望壓倒我。她不在乎我。她很危險。如果我要跟她維持關係，就必須訂下規則。

愛人：對，但是那樣就剝奪所有的樂趣了。她必須想要跟我們在一起，否則就沒有任何好處了。無論她做什麼，我都會愛她。我實在太愛她了；如果你企圖控制她，你會毀掉真正的愛。

英雄：別跟我講那些浪漫的屁話！也許你想躺下來接受這種屁話，我辦不到！你怎麼可能想要跟這麼自私衝動的女人共同生活？

愛人：因為不管是不是自私衝動，她都是我愛的女人。

英雄：但跟這個女人在一起，沒有任何一種安全感可言！

愛人：逼某個人違反自己的意願，做你想做的事，是不會有安全感的。人之所以會去愛，就只是為了愛的純粹喜悅。

英雄：喔，也許你可以跟純粹的喜悅一起生活啦，我不行。我會打敗她的意志，我寧死不屈。

愛人：會死掉的是這段關係！

自我：好了。你們每個人都陳述過自己的觀點了。現在，我們必須做出某種協議。在我看來你們兩個都是對的，但都太過火了。英雄說對的是，要對這段關係做出合理的限制，而且體認到我們自己的限制，我們能夠自在地接受什麼。蓋兒去巴西而不來芝加哥，這超過容忍範圍了。而愛人說對的是，不想讓這段關係告吹，而且想要尊重蓋兒的限制和她的欲望。不過，愛人，你必須領悟到人類的愛確實有限制。它不是無限的。雖然，愛本身可能是。但我們能夠共同生活的事物卻不是。所以，讓我們雙方都設下界線，同時愛著蓋兒。

英雄在愛人的影響之下，能夠把他的恐懼與憤怒轉化成勇氣與設下界線，而這是蓋兒實際上在尋求的東西，最後蓋兒沒有去巴西，並且在這段關係裡變得更成熟。而這個男人的分裂心靈變得整合了。

召喚

第二個技巧稱為「召喚」（invocation）。這次我們要連結完整男性原型的積極能量形式。一開始這可能也會顯得很奇怪。不過，只要片刻的反思，就會知道我們一直都在做這種事。大半時候，我們全都不知不覺地過著心理生活，召喚出對我們可能有幫助或沒幫助的影像與思緒。我們的心靈塞滿了影像、聲音和語言，其中有許多是我們不想要的。若要看出這一點確實為真，就閉上眼睛一會兒吧。影像會在黑暗中自動出現，而僅能以內在之「耳」勉強聽見的思緒，會擠進你的心靈之中。如果積極想像對話，是用有意識、專注的方式對你自己說話，召喚就是有意識、專注地喚醒你**想要**看到的影像。想像深刻地影響我們的那些心情、態度、看待事物的方式和作為。所以，我們在自己人生中召喚什麼樣的思緒與影像，是很重要的。以下是如何專注叫出影像，或者召喚的方法：

如果可能的話，找個安靜的地方和時間，盡可能澄清你的心靈，並且放鬆。再強調一次，盡你所能。（我們不推薦把長時間的放鬆練習當成這個過程的必要部分，雖然這樣可能會有幫助。）專注於一個同時是心靈圖像與口語（至少是在你腦袋裡講的話）的影像。通常很有用的做法是，花些時間尋找國王、戰士、魔法師與愛人的影像。在你的召喚中使用這些影像。假設你找到一個羅馬皇帝坐在王座上的影像，像是一部電影的定格畫面，或是一幅畫。在這個練習中，把那個影像放在你面前。在你放鬆的時候，對那幅影像說話。喚醒你體內的國王。設法把你深層的無意識跟他融合。領悟到你（身為自我）跟他是不一樣的。在你的想像中，讓你的自我成為他的僕人。感覺到他的冷靜與力量，他對你平衡有度的善意，還有他對你的關注。想像你自己在他的王座前，正在覲見他。實際上，是向他「祈求」。告訴他，你需要他的幫助——他的力量、恩惠、秩序、男子氣概。仰賴他的慷慨與仁慈的性情。

有一位一度進入精神治療的年輕男子，覺得他跟自己的情慾面已經失聯。他就是沒辦法跟女性建立「有化學作用」的連結。他最渴望的，就是找到一個會愛他的女人，一個他可以共享興奮性生活的女人，一個他可以娶的女人。他治療中的部分處方，就是盡其所能去閱讀關於希臘愛神艾洛斯的所有文獻，特別是邱比特（Cupid）與賽琪（Psyche）的故事，然後祈求艾洛斯幫助他感覺到感官性與吸引力。在他開始召喚這個愛人影像之後不久，他去參加一次遊輪旅行。他在那裡意外地遇上一位美女，她覺得他是她所見過最帥、最有男子氣概的男人。她體驗到的是他體內剛發現的艾洛斯，艾洛斯以其力量與光彩，填滿了他的整個人格。她甚至對他說：「你帥得跟神一樣！」好幾個晚上，他們在海上遊輪熱情地做愛，這是他人生中最美妙的性經驗。他們兩人在遊輪之旅結束後還保持聯絡，並在一年內就結婚了，正等著寶寶的誕生。他把這個更有回饋的新生活，歸功於他對愛人的畫面想像與召喚。

另一個男人發現，因為他自信、充滿男子氣概的行事風格，讓他被幾位女同事刺激和攻擊。他在桌上的水晶金字塔裡找到力量。（如同我們所見，金字塔形是男性自我的象徵。）每當他覺得自己快被壓垮的時候，就會花六十秒調整呼吸。他會轉向他的金字塔，想像它就在他體內，在他的胸口。對於他的男性氣概所做的情緒攻擊浪濤，撞上了金字塔邊緣，設法要把它打得粉碎。但這些波浪總是會落下，到最後用盡它們的怒氣。他的工作處境沒有改善，不過大部分時候，在他尋求更好的工作環境的同時，還能夠保持他的平衡、冷靜和核心意識。在鬧哄哄的白天，這位男士無法完整進行召喚儀式。但許多男性卻可以在夜晚或清晨的孤獨中這麼做。他們有時候甚至會在原型的影像前面點燃蠟燭或線香，用古老卻非常恰當的方式，對他們召喚的原型表示尊崇。

我們建議的事情，可以跟宗教中總是稱為「祈禱」的事情相提並論；祈禱是伴隨著接近神的儀式而進行的。希臘正教中的聖像與羅馬天主教中的塑像遠非偶像，而是用來讓信徒召喚的能量形式圖像得以聚焦。聖徒或神的圖像可能在一個男人心目中變得非常固定，以至於他的面前再也不必有個圖像象徵物，也能感覺到從中流洩出的能量。

仰慕其他男性

採取相同路線的是仰慕的相關技巧。成熟男性需要仰慕其他男性，不論是生者還是死者。我們尤其需要跟自己所尊敬的年長男性接觸。如果我們無法親炙這樣的男性，就需要閱讀他們的傳記，變得熟悉他們的言論與作為。這些男性不需要是完人，因為完美（完整男性的徹底體現）是永遠不可能達到的。然而，朝向完整的行動卻是可能的，而且個別來說，每個男人都要負起這個責任。正是在我們的弱點上，在心靈中被原型陰影系統的兩極占據的那些地方，我們需要透過積極的仰慕之情，召喚自身所缺乏，卻能夠在別人身上欣賞到的力量。如果我們的人生裡需要更多的戰士，可能會開始認識並讚賞埃及法老王拉姆西斯二世、十九世紀祖魯（Zulu）起義中帶著麾下人馬勇敢對抗英國人的祖魯酋長，或者喬治·巴頓的戰士靈魂。如果我們需要更適切地取用國王能量，可以研究林肯或胡志明的生平。如果我們需要更多愛人能量，我們可以仰慕利奧・巴士卡力（Leo Buscaglia）的愛人能量。

重點在於我們召喚的影像與思緒，在很大程度上不但決定了事物在我們眼中**看來**如何，也決定了它們實際上**是**什麼樣子。我們內在對於成熟男性氣質原型的取用有了變動，就會造成人生外在環境與機會上的改變。至少，改變了的內在世界會大大增強我們處理艱困環境的能力，最後把這些環境條件，轉變成對我們、所愛之人、公司、理想，還有對這個世界更大的優勢。

對於這種連結，有一句俗話是這麼說的：「小心你許下的願望：它可能會實現！」正向思考備受吹捧的力量，至少有部分是真的，而且比大多數人認為的都來得更真實。所以當我們批判性地評估我們與男性能量之間的關係處於什麼樣的位置，並且與它們的積極面與陰影面對話時，也需要以深思熟慮而專注的方式，召喚完整狀態的原型。

裝得「像是」

還有另一個取用成熟男性原型的技巧值得簡短一提，因為這個技巧太明顯了，有可能被忽略。它仰賴的是演員**感覺**不到角色，卻企圖「進入角色」時採用的有效技巧；此技巧經得起時間的考驗。我們稱之為裝得「像是」。在這個過程裡，如果你無法感受到劇本裡描繪的角色，就從**行動像**那個角色開始。你的行動和言語，就像這個角色會有的行動和言語。你裝得「像是」那樣。在這個階段，你裝得像是國王，就算你才剛被開除，太太才剛離開你！「戲照演，事照做」，其他人要仰賴你把你的角色扮演好。所以你拿起劇本：你讀國王的臺詞；你坐在王座上；而且你**裝得**像是國王。信不信由你，你很快就會開始覺得自己像個國王。

這相當古怪，不過舉個例子來說，如果你需要更多愛人能量，又對夕陽不感興趣，就出門去，**真的**注視夕陽。裝得**像是**你很欣賞它。注意顏色。逼你自己看到那種美。甚至對你自己說：「喔，對，看看那些橘色和紅色，還有從藍色變成紫色的細微轉換。」這可能顯得很奇怪，但你真的可能會發現自己對夕陽變得很感興趣！

如果你需要取用足夠多的戰士能量，一開始可以在某天晚上從電視機前面站起來，逼自己出門去，精力充沛地散個步。你可以開始學習武術。你可以開始上運動課程。你可以逼自己開始解決堆在桌上的未付帳單。站起來。動啊！開始採取某些行動。然後很快地，讓你非常訝異的是，你會發現自己在人生中許多領域裡的行動，更像是一個戰士了。

如果你需要更有意識地連結魔法師，下次有人來尋求你的智慧時，就裝得好像你真的有些智慧吧。裝得**像是**你真的有些有幫助又充滿洞見的話要說。逼你自己真正聆聽這個人。設法清除你心中屬於自己的盤算，真正專注於他或她對你提出的問題。然後，盡你所能地深思熟慮，盡你所能地把你累積的人生智慧給這個人，越多越好。我們所具備的人生智慧，全都比我們自以為擁有的更多。

最後的叮嚀

在這本書裡，我們關切的是如何幫助男性為男性氣質不成熟形式的毀滅性負起責任。在此同時，很顯然這世界上不只有過量的不成熟男性，也有暴君般虐待成性、假裝成女人的小女孩。現在正是男人（尤其是西方文明下的男人）不再為世間的所有不是受到譴責的時候。對於男性來說，有一場名符其實的閃電戰，在效果上等於直接把男人妖魔化，並且毀謗男性氣質。但女人並不是天生就比男人更負責或更成熟。舉例來說，高腳椅上的暴君，在兩性都有發揮到淋漓盡致的例子。男人應該永遠不要為他們自己身為這個性別而感到抱歉。他們應該關切的是**關於**這個性別的成熟與管理工作，還有更廣大的世界。兩性的敵人並不是異性，而是孩子氣的妄自尊大，還有從中導致的自我分裂。

這是最後的鼓勵之言：任何轉型過程，就像人生本身，要花時間並付出努力。我們從有意識的一面做「功課」，如果以正確的方式接觸帶有強勁資源的無意識面向，這個面向就會以療癒而有育成力的方式，回應我們的問題、需求，還有我們受到的傷害。掙扎著達到成熟，是每個男人心中的中國皇帝所給予的心理、道德與性靈命令。

喬治・坎伯在最後一本著作《外太空的內在縱深》（*The Inner Reaches of Outer Space*）裡，呼籲一種全世界的覺醒，要大家去認識某種將會凝聚深刻人性責任感與成熟度的啟蒙儀式。如同我們曾經談過的，啟蒙其實是探索**內在**空間的**外在**範圍。我們希望自己的聲音也加入歷史上許多男性的行列，他們對抗巨大的不利，透過人生和教誨，呼籲停止蒼蠅王的統治，那是幼稚怒火最後一次展現的世界末日啟示錄幻想。如果現代男性可以像部落祖先一樣，認真看待自身從男孩到男人的啟蒙，那麼我們就可以目擊我們這個物種**開端**的**終結**，而不是**終結**的**開端**。我們可以穿越在自大與沙文式部落主義之間讓人進退維谷的衝突，從中超脫，並且進入國王、戰士、魔法師與愛人流傳下來的神話與傳說中，所描繪的任何一種充滿生產力的神奇未來。

精選推薦書單

・動物行為學／人類學

Andrey, Robert. *African Genesis*. New York: Dell, 1961.

——. *The Territorial Imperative*. New York: Dell, 1966

Gilmore, David D. *Manhood in the Making: Cultural Concepts of Masculinity*. New Haven, CT: Yale Uni. Press, 1990

Goodall, Jane. *The Chimpanzees of Gombe,* Cambridge, MA: Harvard Univ. Press, 1986.

Turner, Victor. *The Ritual Process*. Ithaca, NY: Cornell Univ. Press, 1969.

・比較神話學與宗教

Eliade, Mircea. *Cosmos and History*. New York: Harper & Row, 1959.

——. *Patterns in Comparative Religion*. Cleveland, OH: The World Publishing

Co., 1963.
——. *The Sacred and the Profane*. New York: Harcourt, Brace & World, 1959.
Frazer, James G. *The Golden Bough*. New York: Macmillan, 1963.（中譯本：《金枝》，弗雷澤著，汪培基譯，桂冠，一九九一年）

・榮格

Campbell, Joseph, ed. *The Portable Jung*. New York: Viking, 1971.
Edinger, Edward F. *Ego and Archetype*. New York: Viking, 1972.
Jacobi, Jolande. *Complex, Archetype, Symbol*. Princeton, NJ: Princeton Univ. Press, 1971.
Stevens, Anthony. *Archetypes: A Natural History of the Self*. New York: William Morrow, 1982.

・男孩心態

Campbell, Joseph. *The Hero with a Thousand Faces*. Princeton, NJ: Princeton Univ. Press, 1949.（中譯本：《千面英雄》，喬瑟夫・坎伯著，朱侃如譯，

立緒，一九九七年）
Golding, William, *The Lords of the Flies*. New York: Putnam, 1962.（中譯本：《蒼蠅王》，威廉．高汀著，龔志成譯，高寶，二〇一一年）
Miller, Alice. *For Your Own Good: Hidden Cruelty in Child-Rearing and the Roots of Violence*. Trans. by Hildegarde and Hunter Hannum. New York: Farrar, Straus, Giroux, 1983.

．男人心態

Bly, Robert. *Iron John: A Book About Men*. Reading, MA: Addison-Wesley, 1990.（中譯本：《鐵約翰：一本關於男性啟蒙的書》，羅勃．布萊著，譚智華譯，張老師文化，一九九六年）
Bolen, Jean Shinoda. *Gods in Everyman*. San Francisco: Harper & Row, 1989.
Browning, Don S. *Generative Man: Psychoanalytic Perspectives*. Philadelphia: Westminster Press, 1973.
Winnicott, D. W. *Home is Where We Start From*. New York: Norton, 1986.

・國王

Frankfort, Henri. *Kingship and the Gods*. Chicago: Univ. of Chicago Press, 1948.

Perry, John Weir. *Lord of the Four Quarters: The Mythology of Kingship*, Mahwah, NJ: Paulist Press, 1991.

——. *Roots of Renewal in Myth and Madness: The Meaning of Psychotic Episodes*. San Francisco: Jossey-Bass, 1976.

Schele, Linda, and Freidel, David. *A Forest of Kings*. New York: William Morro, 1990.

・戰士

Farago, Ladislas. *Patton: Ordeal and Triumph*. New York: Dell, 1973.

Rogers, David J. *Fighting to Win*. Garden City, NY: Doubleday, 1984.

Stevens, Anthony. *The Roots of War: A Jungian Perspective*. New York: Paragon House, 1984.

Tzu, Sun. *The Art of War*. Boston: Shambhala, 1988.（中文：《孫子兵法》，孫武著。）

・魔法師

Butler, E. M. *The Myth of the Magus*. Cambridge, MA: Cambridge Univ. Press, 1948.

Moore, Robert L. *The Magician and the Analyst: Ritual, Sacred Space, and Psychotherapy*. Chicago: Council of Societies for the Study of Religion, 1991.

Neihardt, John. *Black Elk Speaks*. Lincoln: Univ. of Nebraska Press, 1968.（中譯本：《黑麋鹿如是說》，約翰・內哈特著，賓靜蓀譯，立緒，二〇〇三年）

Nicolson, Shirley, ed. *Shamanism*. Wheaton, IL: The Theosophical Publishing House, 1987.

・愛人

Brown, Norman O. *Love's Body*. New York: Random House, 1968.

Csikszentmihalyi, Mihaly. *Flow: The Psychology of Optimal Experience*. New York: HarperCollins, 1991.（中譯本：《快樂，從心開始》，契克森米哈賴著，張定綺譯，一九九三年）

Lawrence, D. H. *Selected Poems*. New York: Penguin, 1989.
Neumann, Erich. *Art and the Creative Unconscious*. Princeton, NJ: Princeton Univ. Press, 1959.
Spink, Walter M. *The Axis of Eros*. New York: Schocken Books, 1973.

BM0041R

男人的四個原型

暢銷 20 年經典，榮格學派帶你剖析男性心理

King, Warrior, Magician, Lover: Rediscovering the Archetypes of the Mature Masculine

作　　者　羅伯特・摩爾（Robert L. Moore）、
　　　　　道格拉斯・吉列特（Douglas Gillette）
譯　　者　吳妍儀
責任編輯　于芝峰
協力編輯　洪禎璐
內頁排版　宸遠彩藝
封面設計　陳文德

發 行 人　蘇拾平
總 編 輯　于芝峰
副總編輯　田哲榮
業務發行　王綬晨、邱紹溢
行銷企劃　陳詩婷

出　　版　橡實文化 ACORN Publishing
　　　　　地址：臺北市 105 松山區復興北路 333 號 11 樓之 4
　　　　　電話：（02）2718-2001　傳真：（02）2719-1308
　　　　　網址：www.acornbooks.com.tw
　　　　　E-mail：acorn@andbooks.com.tw

發　　行　大雁出版基地
　　　　　地址：臺北市 105 松山區復興北路 333 號 11 樓之 4
　　　　　電話：（02）2718-2001　傳真：（02）2718-1258
　　　　　讀者服務信箱：andbooks@andbooks.com.tw
　　　　　劃撥帳號：19983379　戶名：大雁文化事業股份有限公司

印　　刷　中原造像股份有限公司
二版一刷　2023 年 8 月
定　　價　450 元
I S B N　978-626-7313-38-1

國家圖書館出版品預行編目 (CIP) 資料

男人的四個原型：暢銷 20 年經典，榮格學派帶你剖析男性心理／羅伯特・摩爾（Robert L. Moore）、道格拉斯・吉列特（Douglas Gillette）著；吳妍儀譯．一二版．一臺北市：橡實文化出版：大雁出版基地發行，2023.08
312 面；14.8×21 公分
譯自：King, Warrior, Magician, Lover: Rediscovering the Archetypes of the Mature Masculine
ISBN 978-626-7313-38-1(平裝)
1. CST：成人心理學　2. CST：男性氣概
173.32　　112011437

大雁出版基地
www.andbooks.com.tw